政策情報論

An Introduction to Policy Sciences
with Information Studies

佐藤 慶一 著

共立出版

はじめに

　2013年度より私大情報学部で「政策科学」を担当する専任教員となり，情報技術やメディア，デザインなどに関心が高い学部学生を前に，公共政策や導入科目を講義することになった。

　毎年，関連する書籍やネット情報を勉強しながら，これまで1000枚を優に超えるパワーポイントスライドを作成してきた。スライドは簡便に作れて，講義で投影できて便利であるが，枚数が増えるといかにも見づらく，内容も箇条書きや図だけで不案内となってきた。そこで，これまでの講義を見直して整理して，話してきたことを書き出したり，関連する情報を補足したりして，1冊の書籍としてとりまとめることにした。

　とあるIT企業の人事部長へインタビューした際，「社会への関心（文系）とIT技術（理系）の両方がないとSIer（システムインテグレーター）はできない」という話を聞いた。情報技術やメディア，デザインなどに興味がある学生にとっても，何のために情報技術を利用するのかが重要であるし，伝えるコンテンツの内容やデザインをどう役立てるのかが重要であり，社会問題や公共政策について学ぶことは必須であろう。

　2015年，改正公職選挙法が成立し，選挙権年齢が20歳から18歳に引き下げられ，2016年の参議院選挙から適用された。大学や学部を問わず，あらゆる大学生が社会や政策のことを学び，自ら考えることが問われている。

　多分野の若い学生が，先人たちの社会をより良くしようと考えて取り組んできたことに思いを馳せ，社会や政策を志向していくことを希望している。

　同時に，社会人となって忙しく働かれてきた方が，ふと手にとって，大学の学びとは何だったのか，政策とは何かを考えるきっかけとなれば，望外の喜びである。

2019年1月

　　　　　　　　　　　　　　　　　　　　　　　　　　　　　　佐藤慶一

目　次

第1部　総論

第1章　多様な学びと政策　2
1.1　勉強や学問と政策　2
1.2　大学での多様な学びと政策　10

第2章　グローバル化の潮流　16
2.1　国際比較から見る現代日本　16
2.2　グローバル化の経済的側面，政治的側面　24
2.3　世界へ行くこと　29

第3章　情報化の潮流　31
3.1　AIと雇用　31
3.2　情報化の影響　36
3.3　ネットワーク科学　39

第4章　政策と情報　45
4.1　政策とデータの関わり　45
4.2　政策とアクティブ・ラーニングの関わり　52

第5章　被害想定の情報と政策　68
5.1　被害想定とは何か　68
5.2　帰宅困難者問題のワークショップとデザイン　74
5.3　仮設住宅不足のデータ分析と事業提案　83

第 2 部　各論

第 6 章　政策科学の生成　　　　　　　　　　　　　　　　　　　　94
  6.1　政策志向の生成　94
  6.2　政策科学とは何か　102

第 7 章　政策科学の基礎　　　　　　　　　　　　　　　　　　　　108
  7.1　公共政策をめぐる基礎的概念　108
  7.2　公共政策の環境　115
  7.3　政策科学のモデル　119
  7.4　政策実施と政策評価　128

第 8 章　政策科学の展開　　　　　　　　　　　　　　　　　　　　134
  8.1　民主主義の政策科学　134
  8.2　大衆社会論と情報社会論　140
  8.3　政策情報論のイメージ　149

第 9 章　政策リサーチ案を作る　　　　　　　　　　　　　　　　　157
  9.1　仮説探索・検証型の政策リサーチ　157
  9.2　研究計画書を作る　163

第 10 章　政策リサーチの実例　　　　　　　　　　　　　　　　　196
  10.1　東日本大震災による液状化被害への家計対応と行政支援　196
  10.2　リサーチの橋渡し　217

謝　　辞　221
参考文献　223
索　　引　229

第 1 部
総　論

　第1部は，大学に入学したばかりの学部1年生を対象に書かれたものである。ただし，上級生になっても，さらには，大学院生や社会人にとっても，政策リサーチに関する基礎的な情報として参考にしていただける内容をと考えて記述したものである。
　情報と社会をめぐる話は，技術進歩や状況変化が大きく，数年後には色あせて見えてしまうことが少なくない。最近のトピックばかりではなく，古い書物からはじめたり，筆者が長く学び生活してきた経験や見聞きして印象深いものにも触れたりしながら，政策と情報の関わりを広く書き出すこととした。
　『学問のすゝめ』などからはじめて，大学での学び，グローバル化，情報化，オープンデータ，エビデンスベースポリシー，さらにデザイン思考的なアプローチまでを一気に書き出した。通して読んでみることで，第2部への導入となるものと考えている。

第1章
多様な学びと政策

1.1 勉強や学問と政策

　フランス現代思想と美術・文学・ファッションなどの批評を行う哲学者である千葉雅也氏のベストセラー『勉強の哲学』をご存知だろうか。多くの人が，小学校，中学校，高等学校，大学，さらに社会人になってもつきまとう「勉強」であるが，そもそも「勉強」とは何か，を考えているユニークな本である。「ノリ」とか「バカ」とか一見刺激的な言葉が並ぶが，本書の学びにとっても示唆に富む内容なので，冒頭で図解して紹介したい。

　私たちは幼少期から大人になるまで，学校で育ち，同世代と長い時間，集団で過ごすことが普通である。そのような同質的な集団の中で，「みんなでワイワイやれる」「単純なバカなノリ」を大なり小なり身につけていくことになる。

　勉強には，大きく2つのタイプがあり，1つはすぐにイメージしやすい資格や最新トピックなど**「役立つ知識・スキル」系の勉強**，もう1つは，千葉氏の表現で言うところの**「自己破壊」的な勉強**である。

　千葉氏は，日本社会は「同調圧力」が強いと言われること，その「同調圧力」によってできることの範囲が狭められ不自由であること，そのような不自由の世界から人生の新しい可能性を開くための深い勉強がある，と述べている。そのような深い勉強は，現代日本社会において「自己破壊」な勉強なのだと，述べている。

　この「自己破壊」的な深い勉強には，それまでの「みんなでワイワイ」「単純なバカなノリ」ができなくなり，「ノリ」が悪くなってしまう，という特性がある。だから，いまの楽しい「ノリ」を邪魔されたくない人，「ノリ」に合わせていきたい人は，「自己破壊」的な勉強はしない方がよいのかもしれない。

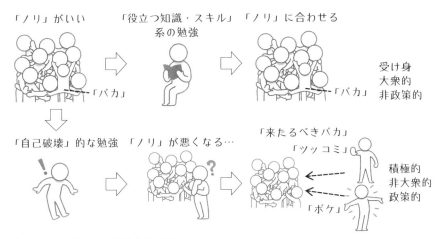

図 1.1 「勉強の哲学」と政策

　他方，これから，いまの「ノリ」を続けるよりも，人生の新しい可能性を追求したい人は，「自己破壊」的な勉強が必要になると言えるかもしれない。

　深い勉強をしていないと，いまの「ノリ」に合わせていくよりないが，「自己破壊」的な深い勉強を続けていくと，独自の「ツッコミ」や「ボケ」ができるようになる。千葉氏は，それを「来たるべきバカ」という，刺激的な言葉で表現している。

　深く学んだり考えたりしないで「ノリ」に合わせている「バカ」は，受動的で大衆的で，政策のことなど考えないし，議論もできない人が多いと考えられる。深く学んだり考えたりして「新しいノリ」を獲得した「ツッコミ」や「ボケ」ができる「来たるべきバカ」は，積極的で非大衆的で，社会の問題について自分で調べて自分で考えて，人と議論したり，さらには自ら行動したりできる人が多いと考えられる。

　本書は，「自己破壊」的な深い勉強を志向したものではあるが，その内容は入門的なものであるから，「バカ」でいるか「来たるべきバカ」になるか，今決める必要はない。本書を勉強しながら，「バカ」でいるか，「来たるべきバカ」になろうか，ハイブリッド型でいくか，両者のウェイトをどう取るかなどを考えてもらうきっかけの 1 つになればと考えている。

第1章　多様な学びと政策

　小泉信三（1888～1966）[1]の『読書論』の中に，「直ぐ役に立つ本は直ぐ役に立たなくなる本である」という言葉がある。誰にも，つい購入してしまった目新しい流行の本が，数年後には色褪せてしまい，手に取ることもなく，最終的に処分した経験があるのではないだろうか。すぐに「役立つ知識・スキル」系の勉強は，すぐに役に立たなくなる。ではどんな勉強が役に立つのか。小泉は，深い思索を促すような**古典**[2]を読むことで，人間の精神が養われ，人類の文化が進められてきたと述べ，そのような古典を書いた著者の一人として福沢諭吉（1835～1901）を挙げている。

　成人した日本人ならば，福沢諭吉を知らない人はいないであろう。慶應義塾の創設者であり，商法講習所（後の一橋大学），専修学校（後の専修大学）などの創設にも尽力した。生まれは江戸時代，天保5年（1835年）で，19歳で長崎遊学して蘭学を学び，翌年から大坂の適塾で学び，安政5年（1858年）に江戸に出て，中津藩邸の蘭学塾の講師となった。その後，安政6年（1859年），幕府の使節団の護衛であった咸臨丸に乗り渡米，文久元年（1861年）の渡欧使節に翻訳方として同行するなどして，『西洋事情』を著し，西洋の近代的な制度や技術を紹介した。さらに，『学問のすゝめ』『文明論之概略』『福翁自伝』など多くの著作を残した。

　といったことならば，ネットで調べればすぐにわかる。しかしながら，その著作を何度も読んだことがある人はどれくらいいるだろうか。『西洋事情』は江戸末期の西洋事物の紹介であるから，当時のことを知りたい人には面白いだろうが，現在読めば昔話のような内容となってしまう。『文明論之概略』は，文字通り文明論なので，読むには人文社会系の前提知識があることが望ましいし，その内容の理解や考察は必ずしも容易ではないかもしれない。『福翁自伝』は，福沢諭吉に関心が高い人が，その人生や考え方を知るには興味深い書物であるが，必ずしも関心が高い人ばかりではないかもしれない。

---

[1] 長く慶應義塾塾長を務めた経済学者で，宮内庁東宮職参与として平成天皇の教育に携わったことでも知られる。

[2] 『読書論』では，マルクス，エンゲルス，バーナード・ショー，福沢諭吉，アダム・スミス，エドワード・グレイ，シドニー・ウェッブ，夏目漱石，森鷗外，ウィンストン・チャーチル，幸田露伴，ミカエル・バクーニンらが紹介されている。

一方,『学問のすゝめ』は,明治時代に入った一般の人々に向けて,学問とは何か,学問をやるとどうして良いのか,すすめている本であり,文体が古く読みにくいが(それゆえに一語一語読むと昔の時代を感じて愉しいのであるが),現在でも十分に示唆に富む内容である。福沢の代表的な著作は,今も刊行されていて,簡単に購入できる。百年以上前の明治時代に書かれた本が,現在も書店に並んでいて購入できるというのは,驚くべきことではないだろうか。明治時代は,近代日本の創生期であり,現代に直接繋がっている時代である。福沢の著作は,近代日本の思想的な,また精神的なシンボルであり,現代まで大事に受け継がれてきた。本書では,この『学問のすゝめ』を紹介することから,政策に関連する基礎的な話をはじめていくこととする。

『学問のすゝめ』には何が書いてあるのか

『学問のすゝめ』は,明治5年(1872年)に初編が刊行され,およそ20万冊売れたと言われている。その後,編を重ね,明治9年(1876年)の第17編まで続き,現在,刊行されているものは,それらを合本したものである。全17編まで合計で約70万冊刊行されたと言われている。当時の人口は約3500万人であったそうで,現在の1/4から1/3程度であるから,その中間をとって3.5倍して現在の日本の売上に換算すると,第1編は約70万冊,合計で約250万冊売れた,という大ベストセラーである。当時は,借りて読むことも多かったであろうし,偽版も相当数にのぼったようであるから,実際に手にして目を通した人は,さらに多いことであろう。明治時代という近代日本の基礎を築いた多くの先人たちが,そしてその後から現在に至るまで多くの先人たちが,この『学問のすゝめ』を読み,学問に励み,そして,社会で活躍していった。

初編は,次の著名な文からはじまる。

「天は人の上に人を造らず人の下に人を造らずと言えり。」

江戸時代は,お殿様がいて,士農工商という身分制度があり,人は生まれながらに平等ではなかった。明治時代になって,古い身分制度がなくなり,現代のような平等で開かれた社会になってきた,ということを,端的に読み取るこ

とができる。次のように続く。

> 「されども今広くこの人間世界を見渡すに，かしこき人あり，おろかなる人あり，貧しきもあり，富めるもあり，貴人もあり，下人もありて，その有様雲と泥との相違あるに似たるは何ぞや。」

人は生まれた時は平等かもしれないが，実際に世の中を見ると，賢い人，おろかな人，貧乏な人，お金持ちの人，立派な人，立派ではない人など，いろいろいる。その違いは何か，と書いている。確かに，今の世の中でも，社会人にもなると，それぞれ年収も大きく異なるし，多くの人に信頼されるような立派な人もいれば，そうでない人もいる。福沢はそのような違いの理由を次のように述べている。

> 「人は生まれながらにして貴賤貧富の別なし。ただ学問を勤めて物事をよく知る者は貴人となり富人となり，無学なるものは貧人となり下人となるなり。」

福沢は，違いの理由を，学問だと言っている。どういう風にすればお金が儲かるのか，どういう人が立派なのか，よく知ることが，第1歩である。そういう物事を知らなければ，何が本当に価値あることかわからず，安易で低調な心持ちになり，生活に必要なお金を得ることもできず，悪事に手を染めたり，困窮したりしてしまうかもしれない。さらに，その学問とは具体的に何か，説明が続く。

> 「専ら勤むべきは人間普通日用に近き実学なり。譬えば，いろは四十七文字を習い，手紙の文言，帳合の仕方，算盤の稽古，天秤の取扱い等を心得，なおまた進んで学ぶべき箇条は甚だ多し。」

福沢が進める学問は，難解な古文などのような，実際の世の中であまり役に立たないような学問ではなく，生きていくうえで直に役立つような「実学」で

ある。具体的に指しているものは少し古く感じるが，現代風に言い直すと，日本語や外国語，電子メールやSNSの利活用術，家計簿の付け方や会計の基礎，データ分析といった内容になるであろう。さらに進んで学ぶべきものが挙げられる。

> 「地理学とは日本国中は勿論世界万国の風土道案内なり。究理学とは天地万物の性質を見てその働きを知る学問なり。歴史とは年代記のくわしきものにて万国古今の有様を詮索する書物なり。経済学とは一身一家の世帯より天下の世帯を説きたるものなり。修身学とは身の行いを修め人に交わりこの世を渡るべき天然の道理を述べたるものなり。」

明治初期の記述なので，同じ語句でも現代の意味と少し異なるように見受けられる。現代的に捉え直すと，「地理学」は，現代の地理学にとどまらず，文化人類学や国際関係論，さらに，最近わが国でも盛んになってきた観光学などを含むだろう。

「究理学」は，現代の物理学を指すものと考えられるが，市場経済のメカニズムを探求する経済学，人や組織の関係性を探索するネットワーク科学などが含まれよう。

「歴史」の指し示す内容は，現在と大きく変わらないと思われるが，グローバル化が進む現在において，世界の多様な文化やその背景を学ぶことの意義は，ますます大きいと言えよう。

「経済学」には，現在の経済学が指し示す内容よりも広く，会計学や経営学，法学や政治学，公共政策学など含めた社会科学全般を指し示しているものと思われる。

「修身学」は，マナーや社交，処世術といった感じであろうか。現在だと部活動やアルバイト，最近増えてきたアクティブ・ラーニングや企業のインターンといったことが関係するであろうし，大学のゼミがその一部を担っていると言えよう。

『学問のすゝめ』と政策の関わり

　ここまで福沢のすすめる学問について見てきたが、次に政策との関わりを見ていこう。

　「右は人間普通の実学にて、人たる者は貴賤上下の区別なく皆悉くたしなむべき心得なれば、この心得ありて後に士農工商各々その分を尽し銘々の家業を営み、身も心も独立し家も独立し天下国家も独立すべきなり。」

　福沢の言う「**実学**」は、どのような仕事をする人にとっても学んでおくべきことであり、そのような勉強をした後に、各分野に進み、それぞれが経済的にも精神的にも独立して活躍していくことが、健全な社会や国が成り立つ基本である、ということが述べられている。学問を学ぶことは、わたしたちが社会で生きていく上で役に立つにとどまらず、そのことが社会や国の基盤となる。
　初編の終盤には、西洋の諺が引き合いに出され、市民と政府の関係性が述べられている。

　「愚民の上に苛（から）き政府あれば、良民の上には良き政府あるの理なり。」

　私たち自身が、良く学び、物事を良く知り、経済的にも精神的にもしっかりと自立することが、良い政府や良い政治の基礎となる。もし私たちが、学問を疎かにして、物事をよく知らず、ろくに仕事もせずに、誰かに頼ったり、他人に迷惑ばかりかけていれば、政府は、税金を上げて様々な追加的な対策をしたり、罰則や規制をして取締りを強化しなければならなくなるであろう。
　大学においても、学生が意欲を持って学び質問をすれば、教員はよろこんで答え、より良い講義を心がけるであろうし、学生の意欲が上がらず質問もなければ、講義の内容は代わり映えのしないものとなろう。講義の方法をより良いものに変えていき、学生の学びを高めていくことが教員の仕事であるものの、その内容や質は、学生の姿勢によって左右されること、大学の学びは学生と教員がともに作るものであることは、上述の市民と政府の関係と似た性質のもの

と言えよう。

　少し進み，九編には，次のような記述がある。

「豈ただ数巻の学校本を読み，商となり工となり，小吏となり，年に数百の金を得て僅かに妻子を養いもって自ら満足すべけんや。こはただ他人を害せざるのみ，他人を益する者に非ず。…（中略）…。苟も時を得ざれば有力の人物もその力を逞しうすること能わず。古今その例少なからず。近くは我が旧里にも俊英の士君子ありしは明らかに我輩の知るところなり。…（中略）…，その実は事をなすの気力に乏しからず。」

　今風に書き直すと，ただ単位を取って卒業し，サラリーマンや公務員になり，年に数百万円をもらい，結婚し子どもを作り育てることで，満足してはいけない，ということを言っている。福沢は，それらは，社会的に見れば，他者に害を与えないだけで，他者に利益を与えていない（＝地域や社会に貢献したことにはならない）と言っている。

　就職活動も，結婚も子育ても，それに直面するものにとっては，苦労が多いことであり，福沢のこの記述には納得できない気持ちになる学生も少なくないようである。福沢は，自分の郷里には，優秀な人が何人もいたが，その力を発揮できなかった人が多いことを挙げ，「**事をなすの気力**」の重要性を指摘している。

　もし，日本の多くの人に，地域や社会のために頑張ろうという意欲があれば，今ある社会問題の大半は解決できるかもしれない。逆に，もし，日本の多くの人が，自分の生活に精一杯で，とても地域や社会のことまで考えられない，という状況であれば，今ある社会問題は半永久的に解決できないかもしれない。

　子育ての問題を例にもう少し考えてみたい。現在日本では，夫婦共働きが増えている。結婚，出産後も働きたい女性が増えたという要因とともに，高齢化が進み労働人口が減少してきて働き手が不足していることや，経済的停滞が長く続いて男性の稼ぎだけでは家計のやりくりが難しくなってきた，という社会的背景も考えられる。子育て世帯の共働きが増えると，保育サポートが必要になるため，保育園のニーズが高まるが，行政予算には限りがあり，保育園が足

りないという問題が，一時期新聞紙面を賑わせていた。自分の親世代と離れて暮らしている家庭が多く，身近な家族からのサポートを得ることも難しい人が多い。しかしながら，保育園を新しく作ろうとすると，地域で反対が起こるなどの問題もあるようである。

現在の環境の中で多くの人が対応に苦労しているのだが，そもそもこの環境をどうやって改善していくか，行政や家族に頼ることに限界があるのであれば，地域や企業で話し合ったり，取組みを考えたり，実際の活動や事業に繋げていくことが，もっとあってもいいのではないか。そういうことをする「気力」がない人ばかりの社会であれば，抱えている問題は一向に解決しないのではないだろうか。

現代日本では，「政策」とは，政府の偉い人や政治家が考えるもので，私たちに身近な問題ではない，という意識の人が多いのが現実かもしれない。ただし，課題山積のわが国で，これからの将来を担う若い人も同様でいいとは考えにくい。

「政策」を分解して見ると，「政（まつりごと）」の「策（手段）」となる。「まつりごと」をデジタル大辞泉で検索すると，「国の主権者がその領土・人民を統治すること」と出てくる。「国の主権者」とは誰か。憲法の前文には，主権が国民に存する，と宣言されている。「統治」も同様に検索すると，「まとめおさめること」とある。一見難しそうで一部の人のものという印象のある「政策」という言葉であるが，簡単に書けば，<u>私たちが私たちの国や社会をどうするのか考えて実行すること</u>を指す言葉であり，誰もが関わる基本的なことである。福沢の厳しい表現を借りると，「政策」を勉強しないのは「愚民」である，ということになる。

1.2 大学での多様な学びと政策

次に，現在の大学生の多様な学びという視点[3]から，政策との繋がりを見ていきたい。

---

[3] 飯田（2001）を参考にした。

▎第 1 志望の問題を考える

　大学に入るには，入学試験や審査を受ける。偏差値が高い大学もあれば，中間くらいの大学もあるし，倍率が低い大学もある。場所やキャンパスの雰囲気も大きく異なるし，学べる内容も学部や大学によって異なる。人気が高い大学には応募者が殺到するので，入学試験や審査が厳しくなる。単純に考えると，倍率5倍であれば，5人に1人しか受からないので，4人は不合格になる。勉強を頑張って，第1志望の大学に，晴れて合格する場合もあるだろうし，不合格な場合もあるのは，致し方ない。誰かが合格すれば，誰かが不合格になる。

　毎春，新入生に，将来何をしたいか，そのために，大学で何を勉強したいか，といった課題を出している。読んでいると，第1志望の大学に入れなかった，とレポートに書いて嘆いている学生がいる。日本では，おそらく東大以外の多くの大学で，このような第1志望の大学に入れなかった学生がたくさんいる。

　長い人生の中で，大学はたった4年の通過点である。人生を80年とすれば，たった5%である。大学を卒業してから，60歳までは38年もあるし，その後も20年もある。どの大学に行くかは，その年頃には人生最大のイベントであるが，長い人生の中で見れば，準備期間なのであり，その後の人生の方が遥かに長く，そして味わい深いものである。

　大学により場所やキャンパスに違いがあるだろうが，学部や学科が同じであれば，違いはあれども，たいてい同じような内容を勉強できる。サークルや部活動や，先生や授業の質についても，違いはあれども，何か根本的に異なるというほどのものでない。海外の大学となれば，雰囲気もシステムも内容も違いが大きいが，それに比べたら国内の大学間の差異は大きなものではないであろう。第1志望でないからと悩んでいるよりも，現在入った大学で気持ちを切り替えて，精一杯頑張ることの方が，その後の就職活動や人生にプラスになることは間違いない。

　試験は，もちろん，大学入試に限らない。どんな資格を取るのにも試験があるし，就職活動でも試験や審査を受ける。弁護士資格を取ろうと大学卒業後何年勉強しても，どうしても合格しない人がいる。誰もが認めるような優秀な人でも，人気がある企業だとより優秀なライバルがいて，入社できないことだってある。

最近は1つの企業に定年まで勤めるという人ばかりではなく，リストラをされて転職する人や，より高い給料ややりがいを求めて転職する人が少なくないが，その際にも，前の職場でどんな仕事をしていたのか，新しい職場で活躍してもらえそうか，審査を受けることになる。縁があってスムーズにいく場合もあれば，非常に苦労して次の職場を探す場合もある。

　大学教員になるにも，どんな研究論文を書いてきたのか，教育活動をしてきたのか審査を受けることになるし，論文1つをとって見ても，学会から審査を受けて，掲載の可否が決まる。研究をするにもお金がかかるので，研究費を獲得しようとすると，細かな研究計画書を提出して審査を受け，助成の有無が決まる。その時，できる限りの努力をしても，研究費が取得できない時もあるし，論文が審査に落ちる時もあるし，就職できない時もある。

　大学を卒業しても，試験や審査はずっと続く。常に人や組織から評価され続ける。もちろん大学名だって評価の1つではあるだろうが，それだけで済まされることはありえない。どんな仕事をしてきたのか，論理的に話をして信頼を得ることができるのか，その人と一緒に働きたいか，など挙げれば切りがないが，その人の実績や能力，人柄が試されることになる。

　長い人生の中で，うまく行くときもあれば，なかなかうまく行かず苦労するときもある。思い通りの部署で働けるときもあれば，希望しない場所で働かなければならないときもある。高みを目指すほどに，思い通りにいく人生などありえない。目の前の現実を懸命に生きること，その蓄積が人生を作っていくのであって，不平不満を言っている暇はない。

　良い大学に入っても成功する人も入れば失敗する人もいる。思い通りの大学に入れなくて腐ってしまう人もいれば一念発起して成功する人もいる。その違いは何か。それは，その時の環境の違いではなく，目の前のことに懸命に努力できるかどうか，という自分自身の学びの姿勢であろう。

▎大学での学びと政策

　次に，大学生活を通じた学びを概観し，政策の学びを位置づけていきたい。

　大学での学びは，キャンパス内外にわたる。キャンパス内では，膨大な授業を受けて単位を取得することになる。教養系の科目から専門的な科目まで幅広

い知識を得ることには意味がある。それは，「知識が知識を結びつける」ということである。一見関係しないような知識も，各々の頭脳の中で多様な要素がネットワークされていくと，複眼的な視点や深い思考をもたらすことにつながる。

キャンパス内では，授業以外にも様々な機会に満ち溢れている。クラブやサークル活動を通じて，上級生や下級生，他学部の学生やOB・OGと交流することは，学生生活の充実のみならず，その後の人生における貴重な友人づくりや出会いの機会でもある。近年は，どの大学でも国際交流に力を入れており，短期や長期の留学の機会を得ることもできる。キャリアデザインについて思索をめぐらし，就職活動の準備をすることも，非常に重要な機会であるし，各大学でそのサポートを強化している。

キャンパス外では，まずアルバイトの機会がある。お金を稼ぐことの大変さ，そのありがたさを実感する機会であるし，社会人との付き合いに慣れたり，自分の職種適性を探したりする機会でもある。筆者は，幼い頃より建築設計の仕事に憧れていたため，学部で授業を受けたりゼミを履修したり，夏休みには設計事務所でインターンを経験した。憧れた職業を現実の労働とする疑似体験を通じて，本当に自分がしたい仕事とは何なのか，考えることができた。当時，筆者は，自分の本当の関心は，建築のデザインにあるのではなく，社会的な課題の解決策を考えることだと思い至り，大学院へ進学して災害後の仮設住宅について研究を開始した。そのような思索の最中は無我夢中であったが，今振り返ると，かけがえのない貴重な時間であった。

東日本大震災後は，ボランティア活動に取り組む学生も少なくない。ボランティアでなくても，旅に出ることだって，学びになる。普段いる地域を離れて，被災地で汗を流すことや，海外へ出て，現地の空気を吸い，異文化に触れることは，キャンパス内では知ることのできない自分の足で稼いだ生の情報であり，経験となる。若い人にとっては「世界から日本を見る」ことも重要な学びとなろう。

私たちが私たちの国や社会をどうするのか考えることが「政策」である。今の20代が社会人となり，社会で力を持つ50代になる頃の将来の日本は，高齢化や人口減少がさらに進み，様々な社会経済的な困難があるだろう。未来の困

難を解決していくには、どうしたらいいだろうか。眼前の課題と向き合い、自分の頭で考え、発言したり意見交換をしたり、自ら行動できる、という当たり前の能力の質が、あらためて問われている。今の大学では、受け身ではなく、主体的な学び（**アクティブ・ラーニング**）をすることが求められている。

「政策」は、専門知識を学んだり、考えたりするだけでは不十分で、その実現が求められる。良いアイデアがあっても1人では実現できない。多くの才能が力を合わせて、はじめて実現への道が拓けてくるだろう。そのためには何が必要か。必要なものはいくつもあるだろうが、一番必要なものは、「政策」を実現するための仲間、それを作れる人間性であろう[4]。それは、一朝一夕に育めるものではないが、それでも、大学では、授業以外にも、多様な学びの機会があり、人間的な成長を期待することができる。「政策」とは、教科書を読んで答えが得られるものではない。歴史に学び、世界に学び、過去のやり方にとらわれず、自由に自分の頭で考え、それを伝えて議論しつつ、さらにその実現を模索するには、仲間づくりや様々なコミュニケーションが求められる。

国家という単位を考えるのは難しいかもしれない。生まれ育った地域でも良いし、これから勤める企業を想像しても良い。もっと身近に、いま自分が所属するサークルや部活、ゼミなどでも構わない。そういった1つの組織や社会に何か問題が生じた際に、その問題と向き合い、自分の頭で考え、それを議論し、他のメンバーと協力して、解決策を実現することができるだろうか。そのような目の前の現実に懸命に取り組むことの蓄積が、「政策」の勉強になっていくだろう。

関連して、1.2で紹介した福沢諭吉の『福翁自伝』には、ユーモラスな記述がある。福沢は、当時の政府の気風（空威張り的な振る舞い、贅沢や男女関係などの不品行、幕末の忠臣義士の維新後の軽薄さなど）を嫌い、また若い学生の政府役人志向が強すぎることを懸念して、その人生の中で幾度も政府からの

---

[4] 福沢諭吉の『学問のすゝめ』と並んで明治時代によく読まれた本として、サミュエル・スマイルズの『自助論』（SELF HELP）を翻訳した『西国立志編』（明治4年）がある。その最終章は「人格」について書いており、理想、良識、熱意、マナー、勇気、やさしさ、思いやりなどについて書かれている。東大名誉教授で科学雑誌ニュートンの編集長も務めた竹内均氏による読みやすい新訳もあるので、章末のリーディングガイドに加えた。

誘いを断り，著述や教育に専念した。

　そのような福沢にも，政治的な活動を見ることができる。低い湿地にある狭い校舎や自宅で体調を崩した福沢は，仲間が探してくれた高台で眺望が良く広い三田の土地を気に入り，役所や政治家に依頼に回り，その交渉の一環として，ロンドン，パリ，ニューヨークの警察制度に関するレポート「取締之法」を東京府に提出した。そのレポートが東京府の取締法の制定に影響し，また土地の拝借手続きに関係したそうである。教育や著述活動において，海外書物の翻訳に親しんだ自らの得意分野を活かした「政策」への貢献が，自らの健康に繋がるものであったし，さらに自身の教育活動の拠点づくりにも影響した，ということは，示唆に富むエピソードではないだろうか。

関連質問──考えを深めるために

　福沢諭吉は，人間は生まれて来るときはみな平等なはずだが，現実社会ではそうではないことの根源的な理由として，学問を学ぶか学ばないかを挙げていました。そして，社会で役に立つような実践的な学問をすることをすすめていました。みなさんが，これから勉強してみたいことは何ですか。それは，どのような仕事に繋がりますか。

リーディングガイド

◆ 福沢諭吉（1978）『学問のすゝめ』改版，岩波書店
◆ サミュエル・スマイルズ著（竹内 均訳）（2002）『自助論：スマイルズの世界的名著』改訂新版，三笠書房

第2章
グローバル化の潮流

　第1章では,「学問」とは何か,「学問」と「政策」の関わりについて,などを見てきた。第2章からは,実際に「政策」の勉強に向かう前提として,その背景となる社会の潮流を見ていきたい。まずは,「グローバル化」から見ていこう。

2.1　国際比較から見る現代日本

グローバル化と大学教育

　航空ネットワークの発達,市場の国際的な開放,ICT(情報通信技術)の進展等により,従来,経済的・時間的なコストが高かった,人や物,そして情報の国際的な移動が容易になり,国境を超えた国際的な交流やビジネスなどが飛躍的に増大してきた。

　そのようなグローバル化と呼ばれる現象は,私たちの生活にも様々な影響を与えてきている。教育においても,諸外国との交流,外国人留学生の受け入れ,日本人の海外への留学などへの社会的要請が高まってきている。

　国もグローバル化に即した教育を推進していくことを重視している。文部科学白書(平成27年度)には,「社会や経済のグローバル化が進み,国際社会及び我が国を取り巻く環境が大きく変化する中,我が国は今後も健全に成長し魅力ある国であるために,諸外国との交流や協力を一層充実させていくことが重要です。このため,文部科学省では,国際社会で活躍できる人材の育成や,海外の優秀な学生及び研究者の戦略的な受入れによる,双方向の人的交流を継続的に推進しています」(第10章総論)とある。

　2014年(平成26年)には,37大学をスーパーグローバル大学として指定して,日本の大学の国際競争力向上を重点支援する取り組みが開始された。全学

生に占める外国人留学生の割合の向上（2013年36,545人→2023年73,536人），日本人学生に占める単位取得を伴う日本人留学経験者の増加（2013年16,169人→2023年61,622人）といった具体的な成果目標が掲げられ，成果をあげることや，それらの取り組みを他大学へ展開していくことが期待されている。

イギリスの教育専門誌である「タイムズ・ハイヤー・エデュケーション（Times Higher Education）」による世界大学ランキング2019を見ると，1位はオックスフォード大学，2位はケンブリッジ大学，3位はスタンフォード大学と続く。22位には清華大学，23位にはシンガポール国立大学とアジアの大学が顔を出す。31位に北京大学，36位に香港大学が入り，ようやく42位に東京大学がくる。46位は香港技科大学と続き，日本の大学はアジアの一角を占めるが，中国やシンガポールには及ばない，という世界的な評価となっている。

国際比較から見る現代日本

現在の日本のおかれた状況について，いくつかのデータを見ながら，確認していきたい。

世界価値観調査（WVS, World Value Survey）という世界の国々で同じ内容の調査票を用いた国際比較調査があり，インターネットでデータをダウンロードして見ることができる。2010年から2012年にかけて，世界60カ国から集められたデータから，「次の人にどの程度あてはまりますか？」という質問を集計した結果を表2.1とした。この質問は，「1 非常によく当てはまる」から「6 全く当てはまらない」まで6つの選択肢が提示される。日本人は真ん中辺りの選択肢を選ぶ傾向があると言われることもあるので，ここでは「1 非常によく当てはまる」から「3 まぁ当てはまる」までを合計して割合％を求めた。

いずれの設問でも日本の回答は世界60カ国平均の半分かそれよりも少ない，という結果である。特に少ないのは，「裕福で，お金と高価な品物をたくさん持つ人」が，世界平均43.3％に対して，日本は6.9％という点と，「冒険し，リスクを冒すこと，刺激のある生活」が世界平均45.7％に対して，日本は9.5％という点である。

私たちは，ついこの前まで世界第2の経済大国であり，お金持ちだったので

はないのか？　私たちは，アジアではじめて近代国家をつくり，戦後も驚異的な経済発展を遂げた。チャレンジ精神がなければそのようなことができたとは思えない。

しかし，今，私たちの大半は，世界の他の国と比べて，自分のことをお金持ちだと思っていないし，チャレンジ精神が豊富で，毎日が刺激的といった状況とは思っていない。世界の他の国と比較することで，今の自分たちの自己認識が浮かび上がってくる。

表2.1　日本人の自己認識

次の人にどの程度当てはまりますか？	世界60カ国平均 (a)	日本 (b)	比率 (b/a)
新しいアイデアを考えつき，創造的であること，自分のやり方で行う人	72.4%	39.3%	0.54
裕福で，お金と高価な品物をたくさん持つ人	43.3%	6.9%	0.16
安全な環境に住むこと，危険なことはすべて避ける人	80.5%	50.1%	0.62
楽しい時間をすごすこと，自分を「甘やかす」人	59.2%	24.5%	0.41
社会の利益のために何かする人	79.8%	32.4%	0.41
大いに成功すること，成し遂げたことを人に認められる人	67.4%	25.5%	0.38
冒険し，リスクを冒すこと，刺激のある生活	45.7%	9.5%	0.21
常に礼儀正しくふるまう人，間違っていると言われそうな行動を避ける人	76.7%	34.8%	0.45
環境に気をつかったり資源を守る人，自然へ配慮する人	78.5%	50.2%	0.64
伝統や宗教や家族によって受け継がれてきた習慣に従う人	76.9%	27.5%	0.36

[世界価値観調査（2010-2012 Wave, V70-79）[1 Very much like me] [2 Like me] [3 Somewhat like me] の回答の割合]

経済面ではどうだろうか．図2.1に，日本，アメリカ，中国，韓国のGDP（国内総生産）の推移をまとめた．日本は，1990年代半ばまではアメリカと同様に成長を続けていたが，それ以降横ばい状態が続いており，2010年ごろに中国に追い抜かれたことは記憶に新しい．

中国は人口が多いので，人口1人あたりで見れば日本の方がまだ高いと言えるが，それでは，1人あたりGDPではどの程度であるのだろうか．表2.2を見ると，日本は25位で，約38,449ドル（1ドル110円として約423万円）である．1位のルクセンブルグの105,863ドル（同じく約1164万円）の半分に及ばない．アメリカは8位で59,792ドル（同じ約657万円）である．物価や為替による影響を考慮する余地はあるものの，単純に経済指標を見る限り，日本よりも，経済的に豊かな国がたくさんある．

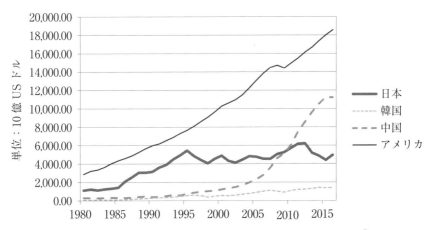

図 2.1 GDP 推移 [IMF - World Economic Outlook Databases]

表2.2　2017年度1人当たりGDPトップ30　[IMF - World Economic Outlook Databases]

順位	国名	1人当たりGDP（USドル）	順位	国名	1人当たりGDP（USドル）
1	ルクセンブルク	105,863.23	16	香港	46,080.48
2	スイス	80,637.38	17	フィンランド	45,927.49
3	マカオ	77,111.00	18	カナダ	45,094.61
4	ノルウェー	75,389.46	19	ドイツ	44,769.22
5	アイスランド	70,248.27	20	ベルギー	43,488.49
6	アイルランド	68,710.82	21	ニュージーランド	41,572.27
7	カタール	61,024.77	22	イスラエル	40,272.97
8	アメリカ	59,792.01	23	フランス	39,932.69
9	シンガポール	57,713.34	24	イギリス	39,800.27
10	デンマーク	56,630.60	25	日本	38,448.57
11	オーストラリア	55,692.73	26	アラブ首長国連邦	37,732.66
12	スウェーデン	52,925.13	27	バハマ	32,660.57
13	オランダ	48,555.35	28	イタリア	31,996.98
14	サンマリノ	47,595.07	29	韓国	29,938.45
15	オーストリア	47,347.44	30	スペイン	28,358.81

アメリカの光と影

　経済的停滞が続く中で，私たちは，自分のことをお金持ちとは思えない状態の人が大半であり，チャレンジ精神をもって日々刺激的であるという自己認識も非常に少ないし，大学の評価も見劣りする，というようなことがデータから見えてきた。お金持ちとまでは言えなくても，大半の人は，普通に生活を送れている，という状態であるのかもしれないし，実は，思うような仕事に就くことができずに生活に困る人が増えてきているのかもしれない。そのようなことへの見通しと，グローバル化は密接に関係している。

世界は今どうなっているのか。その理解には，ニュースや書籍を読んだり，自分の目や耳で見聞きしたりすることが不可欠だ。ここでは，アメリカや中国，そして韓国のことについて最近の新聞記事や書籍などを少し紹介し，筆者自身の見聞きしたことを書き加えてみたい[1]。

アメリカでは，1960年代から軍事的に情報ネットワークの研究が行われてきた。そのネットワークが民間にも開放され，インターネットとして多くの人が個人的に利用できるようになり，1990年代から電子メールやWorld Wide Web，パーソナルコンピューターの利用が拡大してきた。マイクロソフト社はOSやOfficeで市場を席捲している。Googleは検索エンジンや多様なウェブサービスを提供して世界中で利用されている。アップル社は，先駆的なデザインと使い勝手を工夫して，MacやiPhone，iPadやApple Watchといった商品を生み出し続けている。Amazonはオンラインで書籍購入を可能として，後に様々な製品を扱うようになり，物流を大きく変えた。YouTubeやFacebook，Twitter，InstagramといったSNSも，その大半がアメリカから生まれている。アメリカのフロンティア精神が，インターネットという新しい世界を切り拓いてきた。

そのような光もあれば影もある。2008年にジャーナリストの堤未果氏による『ルポ貧困大国アメリカ』という新書が刊行されて話題となった。アメリカには，世界を代表するような大企業や大学がたくさんあって，世界をリードしていく最も先進的な国である，というイメージがある。その背後には，急激に進むアメリカ社会の2極化，貧困化の実態がある。堤氏は「新自由主義によって失われたアメリカの中流家庭」と題した小節で，「効率重視の市場主義を基盤にした政策」の結果，「安価な海外諸国の労働力に負けた国内の製造業はみるみるうちに力を失い，労働者たちは続々と失業となった」と記している。企業の競争力を高め経済成長を図る過程で，アメリカ国内の中間層が貧困層に転げ落ち，一部のエリート層（金融，IT，コンサルティングなど）との所得格

---

[1] アジアの他の国，ヨーロッパ，中近東，アフリカ，南米などより広く見ていくべきであるが，紙幅や筆者の知見の制約から，アメリカを中心とした記述となっている。ぜひ，様々な国の情報を見たり，訪ねるなどして，自分で知見を広げていって欲しい。

差が拡大したことを説明している。

　2017年8月19日の日本経済新聞の朝刊1面で,「米労働市場に異変　働き盛りの男性の参加率,主要国最低　薬物まん延,政権の課題に」という記事を目にした。今,先進国では,「グローバル化に伴う製造業の衰退や技術進歩で低技能の労働者が求められなくなった半面,働き手側の教育や技能が足りない」ことが指摘されている。アメリカが特に労働参加率が低いことには,経済的に苦境に陥った白人層に目立つオピオイドと呼ぶ薬物中毒の広がりの影響があるのではないか,という衝撃的な内容である。2017年1月,「アメリカ第一主義（アメリカ・ファースト）」を掲げたトランプ大統領が就任した。この原動力となったのは,「没落した白人中間層の不満や焦り」であり,それをもたらしたグローバル化への反動であるという一面があると考えられる。

アメリカの大学で学ぶ中国人や韓国人

　アメリカには素晴らしい大学がたくさんあり,多くの学生たちが切磋琢磨している。私は,残念ながら長期的な留学経験はないが,2009年夏にアメリカのミシガン大学に1カ月ほど派遣の機会を得て,統計分析のサマープログラムを受けた経験がある。全米中から著名な大学教授が来て,最先端の統計分析技法を教えてくれるというもので,「Complex System Modeling」と「Bayesian Statistics」の2つのコースを受講した。はじめてのアメリカの大学で,言葉もままならないなか,宿題も多くて,ハードな経験であった。「Complex System Modeling」のコースでは,ネットワーク科学やマルチエージェントシミュレーションを学び,最終課題もできて,最終回で教授陣や多くの受講生の前でプレゼンテーションもした。たくさん授業を聞いているうちに言い回しなどが頭に入ってきたせいか,受け答えもいつもよりもスムーズにできた記憶がある。一方,「Bayesian Statistics」のコースは非常に難解で,宿題がうまくできずに困ってしまった。その時に,お世話になったのが中国人の大学院生TA（ティーチングアシスタント）で,質問に丁寧に対応してくれたり,プログラムコードの書き方を教えてくれたりしたことを記憶している。見渡すと他にも中国人系の大学院生TAがいて,アメリカの大学大学院には,彼女のような優秀な中国人の学生が多くいることを肌で感じた。

米国国際教育協会（IEE）の調査によると，2017～18年度にアメリカで学んだ外国人は約109万人だった．最も多いのが中国人の約36万人で，アメリカの留学生全体の約3割を占めている．アメリカだけではなく，もちろんヨーロッパや日本など世界中の大学で，多くの中国人が学んでいる．

2016年冬に中国社会科学院や北京日本学中心への訪問に同行する機会があった．北京日本学中心の教授に聞いたところ，中国では，語学で日本語を勉強しているのではなく，日本を専攻している大学生が60万人くらい，という数字に驚かされた．昔は，もっと日本の人気があったが，今はアメリカやヨーロッパの方が人気で，日本の勉強をする学生は減ったそうである．とは言え，最近の日本の大学入学者数が60万人くらいであるから，それと同じ数の中国人学生が日本のことを勉強していることになる．その中でも特に優秀な学生が北京日本学中心などで大学院生として学んでいる．まだ日本に来たことがないという学生の発表を聞く機会があったが，非常に流暢な日本語と洗練された内容に驚かされた．普段に日本の大学で接している学生との意欲や姿勢に大きな違いを感じざるを得なかった．

IEEの調査で，2017～18年度にアメリカで学んだ日本人は約2万人であるのに対して，韓国人は約5万人と多い．人口では半分以下の韓国であるが，日本より遥かに多くの学生がアメリカ留学している．

韓国といえば，韓国最大の企業であるサムスン電子が著名である．日本の電気メーカーよりも遥かに大きく成長し，世界最大のIT・家電メーカーとなった．現在，世界各地に65の生産法人，および130の販売法人を展開するグローバル企業となった．「サムスンの課長になるには，TOEICで920点以上取らなければならないと言われる」そうで，「グローバル競争に勝てる人材をつくり，韓国経済を強くしようとしている」と国を挙げた取組みがされている（竹中2013）．

アメリカ留学の社会的影響

2017-18年度には，約2万人の日本人が，さらに，約5万人の韓国人，約36万人の中国人が，アメリカの大学で学んでいる．そのままアメリカで社会人となる人もいれば，母国に戻り活躍する人もいる．日本では，官庁や大企業を中

心に，これまで多くの優秀な若者が，主としてアメリカへ，MBAや各分野の修士・博士号を取りに送られてきた。そのような人たちが，日本に戻り，企業や官庁などで昇進して，アメリカ的な経営や政策を導入していく要因となってきたと言われる（ロナルド・ドーア 2014）。

アメリカは，もともと市場に自由に任せることで最適な資源配分がなされるという自由主義的な経済政策を基調としていた国である。しかし，1929年のウォール街の株価大暴落からはじまった大恐慌では，一時的に大きく落ち込んだ需要を補うために，政府が大規模な公共事業を行ない（ニューディール政策と呼ばれる），経済を支えることで，この危機に対応した。1970年代に入ると，景気が停滞しているのに物価が上昇し生活が苦しくなるスタグフレーションという問題に苦しむようになり，通貨供給量をコントロールすること（マネタリズム）や，肥大化した政府の一部を民営化して市場に委ねていく，という政策がとられるようになった。国際貿易においては，関税や規制を撤廃していき，企業が国際的に自由な競争をすることを通じて，さらなる経済成長を図っていった。このような一連の経済政策は，もともとの自由主義的な政策基調と近しいため，新自由主義と呼ばれるようになった。

この間，アメリカで学んだ日本人，中国人，韓国人たちは，この新自由主義的な考え方に触れて，自国へ戻り，その中から社会で活躍する人が出てきた。中国では経済が自由化したり，韓国ではFTA（Free Trade Agreement）という他国との自由貿易協定の締結を進めたりするなど，国際的な競争に本格的に参入していったことの背景に，そうした大量の若い優秀な学生がアメリカへの留学し続けていることが一因であると考えられている。

2.2 グローバル化の経済的側面，政治的側面

グローバル化の経済的な側面

前節では，国際比較調査やアメリカに関する記事などを通じてグローバル化の流れを見た。次に，グローバル化と関係の深い学問である経済学を通じて，グローバル化の特質を見ていこう。ここでは，経済学者の八代尚宏氏による『反グローバリズムの克服』を参考に，グローバル化の経済的な側面について

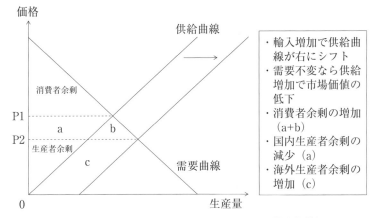

図2.2　自由貿易の理論的な説明（八代2014に筆者加筆）

整理していく。

　図2.2が，自由貿易の理論的な説明で，その概要は次のようになる。高い関税が撤廃されるなどして自由貿易が実現されると，海外からの輸入が増え，供給が増えるため，市場価格が低下する。この場合，消費者余剰（市場での価格と消費者が買ってもよい価格との差のことで，消費者が得した金額）は，図のa+b分増加する。一方，生産者余剰（市場での価格と生産者が売ってもよい価格との差のことで，生産者が得した金額）は，図のa分減少して，c分増加する。ここで，生産者を区分してみると，従来の国内生産者はaの分，生産者余剰が減少して，海外の生産者や関係者はcの分，生産者余剰が増加していることになる。つまり，経済をグローバル化することにより，消費者は海外から安くて良い製品が買えるようになり得をするし，海外の生産者や関係者はマーケットが拡大して得をする。しかし，従来からの国内の生産者は，安くて良い海外の製品がたくさん入ってくるので，売上が減少したり，海外の製品との差別化を図ったりするなど，グローバル化への対応が求められることになる。

　経済のグローバル化は，消費者の利益になるし，輸入品を利用する国内企業にとっても利益になる。安い農産物が入ってくれば，消費者の実質的な所得を増やすことになるし，安い原材料が入ってくれば，その分安価な製品やサービスの提供ができるようになる。それから，外国製品やサービスが国内市場へ流

入することにより競争が活発化して，日本独自の新しいサービスを生み出すことに繋がる可能性もある。海外からの安い農産物に対抗するには，より質の高い農産物を生産することで差別化して，価格が高くても売れるものを作れば，海外の富裕層に向けても販路ができる可能性がある。

　グローバル化の中で，企業は，海外から安価で良質な部品を調達したり，あるいは，生産拠点を労働力が安価な海外へ移していき，国際競争力を高めることが求められるが，それは，国内の工場が閉鎖されたり，中間層の仕事が海外へ流出することにも繋がる，という側面もある。先進国の労働市場で働き盛りの男性の参加率が減少傾向にあることは，このようなグローバル化の影響によるものと考えられる。八代氏は「所得格差の拡大は，米国社会の病根」と記しているが，新自由主義的な改革を進めたレーガン政権以降，トップ1％の所得シェアは上昇を続けて，1980年には8％くらいだったのが，2010年には17％くらいになっている。日本も，今後さらに規制緩和や民営化，関税撤廃などの新自由主義的な経済改革を進めれば，所得格差が増大していくことが懸念される。

　未熟練労働者の賃金は先進国で低下し，途上国で上昇していく。一方，熟練労働者への需要は，世界的な貿易拡大で増え，その賃金は高まっていく。グローバル化は，世界全体での所得格差を是正していくが，国内での所得格差をもたらすものであると考えることができよう。

▎グローバル化の政治的な側面

　グローバル化の経済的側面として，自由競争による発展可能性というメリットと，国内では所得格差を拡大するというデメリット，について概観した。次に，もう1つ欠かせない視点として政治的な側面を見ていこう[2]。

　911テロ，シリアやイラクなど中東の混乱，東シナ海および南シナ海における中国による挑発的行動，相次ぐ北朝鮮のミサイル実験，パリ同時多発テロ，ベルギー連続テロなど，不穏な事件や衝突が増加しており，近年，国際社会は，危険な方向へ変調していると見ることができる。

---

[2] 中野（2014）等を参考にした。

特に，アメリカによるイラク戦争（2003～2011）の失敗は，近年の変調を表象するものであった。開戦理由の第一は，「イラクは大量破壊兵器の保有を過去公言し，かつ現在もその保有の可能性が世界の安保環境を脅かしている」というものであったのにも関わらず，最終的にイラクに大量破壊兵器が発見されなかった。多大なコストを伴ったこの戦争は，アメリカの威信と国力に大きな傷をつけ，反米武装勢力の勃発や，世界秩序の不安定化をもたらしている。

テロ事件は，近年に限るものではなく，古くに遡ることができる政治的行動である。何か社会的な仕組みがあれば，それに馴染めなかったり，排除されたりする人が出てくる。馴染めなかったとか，排除されたと感じる人の中には，怒りを覚える人もいるし，破壊欲求が生じてくる人もいる。合理的に問題点を突き詰めて，正当な手段でその改善に取り組む人もいるし，手段を選ばず事を急ぐ人もいる。非暴力的なものも含めれば，多種多様なテロ的な政治行動がありえる。交通手段が限られていた昔には，このようなテロ的行動は，地域内に限定されるものであった。しかし，交通手段が飛躍的に拡大し，政治経済的にもグローバル化した現在では，地域や国といった境界を跨いで，テロ事件が頻発するようになってきた。

アメリカの国家情報会議（NIC, National Intelligence Council）は，概ね4年に1度，「**Global Trends**」という国際的な安全保障環境に関する見通しを発表しており，アメリカ政府の公式見解とされる。トランプ大統領が就任した2017年1月に発表されたものは，「Paradox of Progress」（進化のパラドックス）と題された。概要を読むと，次のような認識が示される。

「The next five years will see rising tensions within and between countries.」

今後5年間，という短い期間において，国内や国家間の緊張が高まることを指摘している。

「China and Russia will be emboldened, while regional aggressors and non-state actors will see openings to pursue their interests.」

第2章　グローバル化の潮流

　さらに,「中国とロシアは勢力を増し, 地域の侵略的な国々や非政府組織は, 彼らの利益を追求しはじめるであろう」と, 具体的な国名が挙げられている。隣国である日本は, 中国とは尖閣問題, ロシアとは北方領土問題を抱えている。そして, 次のような記述が続く。

「While decades of global integration and advancing technology enriched the richest and lifted that billion out of poverty, mostly in Asia, it also hollowed out Western middle classes and stoked pushback against globalization. Migrant flows are greater now than in the past 70 years, raising the specter of drained welfare coffers and increased competition for jobs, and reinforcing nativist, anti-elite impulses. Slow growth plus technology-induced disruptions in job markets will threaten poverty reduction and drive tensions within countries in the years to come, fueling the very nationalism that contributes to tensions between countries.」

　「何十年にもわたるグローバル化と技術の発展は, 豊かな人をより豊かにし, アジアを中心におよそ10億人の貧困を削減したが, それにより, 欧米の中流階級は空洞化した」とグローバル化の経済的な影響が述べられている。「移民は過去70年よりも多くなり, 福祉財源への不安は増大し, 雇用の競争は激化して, 移民排斥主義者が増え, 反エリート感が強くなってきた」として, グローバル化による外国人労働力の流入がもたらす社会的影響が述べられている。「低成長と労働市場における先端技術がもたらす混乱は, 貧困削減を脅かし, 国内の緊張を高め, ナショナリズムを高め, 国際関係の緊張に寄与するだろう」として, 経済社会的影響が, ナショナリズムという内向き傾向や国際的な緊張関係をもたらすという政治的な影響につながることを述べている。
　グローバル化は, 国際的なマーケットで自由に競争することで経済発展を図るというポジティブな影響だけでなく, 中流階級の空洞化をもたらし, それはナショナリズムの高まりや国際関係の緊張につながる, という複雑な影響が出てきていることを, アメリカ政府が公式に見解として示している。
　「Global Trends」の最新版である「Paradox of Progress」はWebで無償公

開されており誰でも読むことができる。英語の勉強も兼ねて，一度，目を通してみると良い。

2.3　世界へ行くこと

　グローバル化に伴ない国際関係の緊張は高まると同時に，国内で見れば所得格差が増大していく。海外や外国人労働者でも代替できるような仕事は流出し給与は減少していくが，国際競争力のある付加価値の高い仕事は，マーケットが拡大して給与が増加していく。個人レベルで見れば，グローバル化の波にのまれて下がり続ける給料に苦しむのか，グローバル化の波に乗り高い収入を得るのか，という状況が本格化している。グローバル化に関する知識や考察も重要であるが，本格化するグローバル社会の中でどう生きていくか，現実的な処世を考えていくことも重要である。

　日本人にとってグローバル社会で生きていく上で，外国語の修得は避けて通れない。周りを見渡すと，日本人でも，外国語を実にうまく使い，海外の研究者と有益なコミュニケーションを取る研究者や，各国の企業や政府の方とコミュニケーションしながら活躍するビジネスマンが多くいる。ネイティブでなくても，外国語をきちんと話し，海外の人々から信頼を得て，仕事をしている日本人がたくさんいる。

　外国語を習得するには，その言語に触れる時間を増やすことが不可欠であろう。大学生ならば，授業で英語の勉強をすることができるし，普段の電車の行き帰りでもできることはある。最近は，スマホアプリでも，工夫されたものが出てきていて，ヒアリングやディクテーション，発話や発音のチェック，さらにはオンラインで外地の方とコミュニケーションするサービスもあるそうである。帰宅後に見るテレビを海外のものにすることも楽しいし，英会話教室なども有効であろう。

　また海外へ出た際に，物怖じしないような人間性を身につけることも重要であろう。授業やセミナーに出るときに，最後尾で隠れるようにして話を聞くのと，最前列で聞き，教授と目を合わせ，時に意見交換をするのでは，気持ちの持ちようがまったく異なる。ゼミや会議などでも，他人の様子をうかがい必要

最小限のコミットに徹するのか，積極的に発言をしてその場をリードするのか，で気持ちの持ちようがまったく異なる。日本語でも，コミュニケーションへの態度や質を心がけることは，国際的なコミュニケーションを取る際にも役立つだろう。英語ができても，そのような積極的な考え方や態度がなければ，コミュニケーションが深まらないであろう。逆に英語が不十分でも，拙いながらにも中身のある発言で会議に貢献できれば，十分に存在感を発揮できるであろう。

　日本の大学で日々行われている講義や演習と，欧米の大学で行われているそれには，意欲や質量で開きがあるのが実態であろう。短期留学でも，中長期的な留学でも，海外の大学へ出て学ぶ機会を得ることは，学びへの態度を見直し変える貴重な機会になる可能性がある。大学への留学はハードルが高くても，自分が興味ある国を旅行したり，現地で人やモノに触れたりすることでも学べることはたくさんある。自分の目で見て肌で感じることは，書籍やインターネットを通して見るのとはまったく異なる，オリジナルでリアルな経験となり，そのこと自体がグローバルな学びの1つであろう。世界に目を向けて，できることからはじめていきたい。

　関連して，TVでも良く見かけるジャーナリスト池上彰氏の『池上彰の世界はどこに向かうのか』は，文章も平易で読みやすく，手にとって読んでみると，第1章から第2章の理解が進むであろう。

関連質問 ── 考えを深めるために

　世界には様々な国や都市があり，その問題や可能性に目を向けることや，国際的な視点から日本を眺めることが重要である。あなたが，これまで行ったことがないけれども，これから行ってみたい都市や国を1つあげて，何を見たり，誰に話を聞いてみたりしてみたいか，考えてみてください。

リーディングガイド

- ◆池上 彰（2017）『池上彰の世界はどこに向かうのか』，日本経済新聞社
- ◆Office of the Director of National Intelligence「GLOBAL TRENDS」https://www.dni.gov/index.php/global-trends-home

第3章
情報化の潮流

「政策」の勉強に向かう前提として，その背景となる社会の潮流を見ていく．第2章では，国際比較調査やアメリカに関する記事，政治経済的側面からグローバル化について学んだ．第3章では，グローバル化と並び，現代社会を特徴づける情報化について見ていく．

3.1 AIと雇用

ガートナー社のハイプ・サイクル

アメリカのIT分野の調査・コンサルティング会社のガートナー社は，ハイプ・サイクルというIT技術の社会適応に関するレポートを公開している．2009年のものと2017年のものをピックアップして図3.1にした．

2009年のものを見ると，潜在的な期待が高まり出した「黎明期」のテクノロジーとして，モバイル・ロボット，拡張現実などが挙げられている．行動経済学も期待されるものの1つとして捉えられていたようである．「過度な期待」のピーク期，つまり普及する前段階にあるテクノロジーとして，3Dプリンティング，クラウド・コンピューティング，電子書籍リーダなどが挙げられている．淘汰が進む「幻滅期」にあるテクノロジーとして，オンライン・ビデオ，ホーム・ヘルス・モニタリング，RFID，Web2.0などが挙げられている．製品のリリースが進み出す「啓蒙活動期」にあるテクノロジーとしては，タブレットPC，Wiki，位置認識アプリケーション，音声認識技術などが挙げられている．

2017年について見てみると，「黎明期」のテクノロジーとして，汎用人工知能，深層強化学習，量子コンピューティングなどが挙げられている．「過度な期待」のピーク期にあるテクノロジーとしては，IoTプラットフォーム，ディ

第3章 情報化の潮流

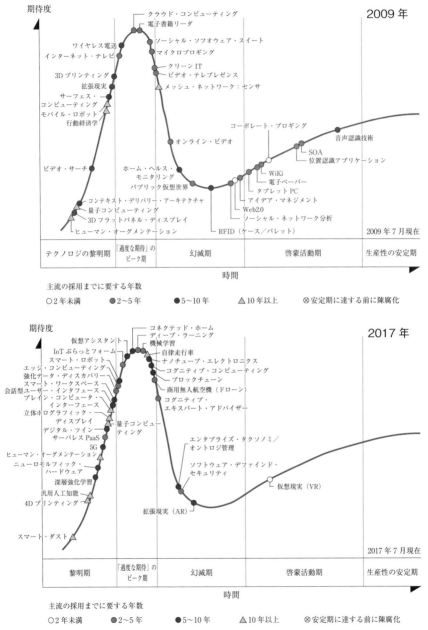

図3.1 先進テクノロジーのハイプ・サイクル（2009年，2017年）［ガートナー］

ープラーニング，機械学習，自律走行車などが挙げられている。「幻滅期」にあるテクノロジーとしては，ドローン，拡張現実（AR）などが挙げられている。「啓蒙活動期」に入ったテクノロジーとして，仮想現実（VR）が挙げられている。

　数年単位で注目される技術が移り変わり，流行する用語も変化が早いIT業界であるが，数年前でも，当時期待されていた技術と，現在期待されている技術を比較してみると，その変化を振り返ることができて興味深い。2009年には「黎明期」だった拡張現実は，2017年には「幻滅期」まで進み，仮想現実（VR）は「啓蒙活動期」にまで進んでいる。2009年に「過度な期待」のピーク期とされたクラウド・コンピューティングは，2017年の図に見ることはできないが，DropboxやiCloudなど多くのサービスが普及しており，市場で主流化した「生産性の安定期」に位置づけられよう。

　2017年の図で特徴的なのは，自律走行車や機械学習，ディープラーニングや深層強化学習，といった「人工知能（AI; Artificial Intelligence）」に関連する技術である。「黎明期」の浅いところには，汎用人工知能という記載も見られる。コンピュータが与えられた命令をこなすだけではなく，自分で学習して様々な仕事を自律的にするようになる，そういう進化が期待され，注目を集めている。本書が読まれる頃には，また情勢が変化していることであろう。

▍AIと雇用の未来

　2013年にオックスフォード大学のマイケル・オズボーン准教授らにより作成された論文「The Future of Employment（雇用の未来）」は，現在ある多くの職業が，将来AIやロボットに代替される可能性を計算したもので，その後，AIによる将来の雇用への影響が話題となった。

　日本では，野村総合研究所が，オズボーン准教授らと共同研究を行い，今後10〜20年後に，日本の労働人口の約49％が就いている職業が，AIやロボットに代替することが可能との推計結果を報告した。

　例えば，事務員全般，組立工など工場関係，技術者，タクシーやバスの運転手などが，代替性が高い，すなわち近い将来に減少していく職種として挙げられている。一方，デザイナー，コンサルタント，研究者，教員，経営者などが，

代替性が低い，すなわち近い将来も継続していく職種として挙げられている。

特別の知識やスキルが求められない職業，秩序的・体系的操作が求められる職業は人工知能で代替性が高く，抽象的な概念を整理したり創出したりする職業，他者との協調や理解・説得などが求められる職業は，代替性が低いという傾向である。

ハブソン大学のトーマス・ダベンポートとハーバード・ビジネス・レビュー誌のジュリア・カービーによる『AI時代の勝者と敗者』でも，「ほとんどの仕事で機械のほうが有能」になると書かれていて，具体的に以下のような仕事が挙げられている。

- 基幹作業を担える自動システムがある
    - 例：放射線科　検査結果を読み取り，問題箇所を検知するシステム
- 人やものとの接触があまりなければ自動化される
    - 例：不動産業者，弁護士など
- 内容を伝えるだけの仕事は自動化される
    - 例：教師
- 複雑でない内容の分析は自動化される
    - 例：製薬研究者や診断医など
- データをもとに疑問に答える仕事は自動化される
    - 例：保険引受業務担当者，ファイナンシャルプランナー
- 明確な秩序だったルールがある仕事は自動化される
    - 例：財務諸表監査の仕事，税金の確定申告書類作成など

しかし，それだけではなく，「大切なのは，どの仕事が機械に奪われるかではなく，機械を使って人間はどんな仕事ができるかである」と述べられている。航空機のパイロットのように，その仕事に就くのに膨大な勉強が必要な職業も，かなりの部分がオートパイロットシステムで実行されている。将来，無人旅客機が実現して，仕事はなくなってしまうのだろうか。オートパイロットシステムには対応できない不慮の事態への備えが必要であろうし，システムの稼働をチェックして，その課題を見つけ修正したり，旅客機のメンテナンスの方法を

追求したりするなど，安全性をより高めるような仕事には，非常に高度な知識や技能が求められ，そういった仕事の重要度はより高まると言えるだろう。

同書では，仕事における機械と人間の関係性を，「ステップ・アップ」，「ステップ・アサイド」「ステップ・イン」「ステップ・ナロウリー」「ステップ・フォワード」という5つの概念で分類している。

「ステップ・アップ」は，「自動システムの上をいく仕事」とされ，機械よりも高いレベルで問題を解決するような仕事だ。「ステップ・アサイド」は，「機械にできない仕事」とされ，人間との交流，人間への説明や説得などが挙げられている。「ステップ・イン」とは，「機械の仕組みを理解し，監視し，改善する仕事は，人間の仕事として残っていく」で，「ステップ・ナロウリー」は，機械を導入しても経済的でない自動化されない専門的な仕事を指す。「ステップ・フォワード」は，「認知テクノロジーを駆使した新たなソフトウェアやシステムを生み出し，利用できるようにする」仕事だ。

こうして見てくると，近い将来 AI に仕事が奪われる，というよりも，AIではできない人間にしかできない仕事があるし，また，AI を活かした新しいステージの仕事が待っている，というイメージを持つことができるであろう。

STEM 教育（Science・Technology・Engineering・Mathematics，科学・技術・工学・数学分野の教育）の重要性が指摘されて久しい。AI の果たす役割が大きくなる将来の社会においては，数理的な知識や科学技術の基礎を学ぶことの重要性が増している。MIT メディアラボ所長の伊藤穰一氏は「AI 研究者はアルゴリズム（演算手順）をつくることには熱心だが，なぜ AI が必要か，AI で社会をどう変えるべきかといった視点があまりない。一方，社会のあり方を判断する裁判官は AI のことをよく知らない。」[1] という指摘をしている。文系の学生でも情報技術の基礎を学んだり，AI についてよく勉強したりすることが必要であろう。

最新のテクノロジーについて学んでも，数年後には古くなってしまうかもしれないが，新しいことを継続的に学習する姿勢や意欲は，いつの時代にも有効な基礎的な能力となるであろう。

---

[1] 日本経済新聞「創論 AI が人間を超える日」2017 年 8 月 22 日より

3.2 情報化の影響

インターネットが普及しようとしている時期に創刊し，ネット社会を志向したユニークな雑誌「ワイアード」日本版の編集長であった小林氏と，日経ビジネスの柳瀬氏による『インターネットが普及したら，ぼくたちが原始人に戻っちゃったわけ』というユニークな対談本がある。以下に，内容を少し書き出したり，関連情報を加えたりしていきながら，情報化社会について見ていきたい。

誰でもメディア，誰でもメーカー，Co-Creation（共創）

ネットが普及する前は，何百・何千万人という人が同じ TV や新聞を見るマスメディアの時代だった。限られた情報を一方的に受け取るというスタイルであった。スマートフォンが普及して SNS をやるようになると，100 人とか 200 人くらいの知り合いからの情報を眺めたり，自分から情報を発信したりするという，相互に情報のやりとりをするスタイルに変わってきた。

レストランを探す時，ネットが普及する前は「Tokyo Walker」のような雑誌でお店の情報を得ていたのが，今は「食べログ」のような誰でも感想や評価を書き込めるサイトでお店の情報を得ている。料理を作る時，前は著名な料理本のレシピを見て料理していたのが，今は「クックパッド」のような誰でもレシピやその感想を書き込めるサイトを見ている。

様々な Web サービスが生まれて，「誰でもメディア」になり，さらに，「誰でもメーカー」にという可能性が開けてきた。例えば，アメリカでは，Kickstarter という新しい商品のプロトタイプを提案して，商品化するための資金を集めるといったクラウドファンディングサービスがあり，実際に数億円の資金を集めているプロトタイプもある。図 3.2 は，持ち運び可能な高機能な 3D プリンターのプロトタイプで，2000 人以上から 300 万ドル弱（およそ 3 億円）の資金提供があったようである。

かつては，アイデアがあっても商品化するための資金を集めるルートは限られていたが，今は，インターネットサイトを通じて世界中の人へ自分の商品のアイデアを提案できて，1 人あたりは少なくても，多くの人から投資をしても

らい，相当額の資金を集めることができるようになってきた。

　また，Estyという制作したファッション雑貨やアクセサリーなどを販売できるサイトがあり，世界中のクリエイティブな商品を見て，購入することができる。昔は，実際にまちに店舗を構えて，訪れる人や口コミ，雑誌に掲載されるなどでしかアピールできなかったのが，インターネットのサイトを通じて世界中のより多くの人へ自分の作品をアピールできる。よい作品をつくれば世界中からオーダーが殺到するかもしれない。コストをかけて店舗を構えなくても売り上げを得ることができるようになってきた。

　情報化が進み，自分がメディアになる，メーカーになる，といったことが可能になってきている。さらに，1人で考えたり創ったりするのではなく，多人数でアイデアを出したり参加しながら，商品を創り上げいくCo-Creation（共創）も行ないやすくなってきた。

　ある時間場所に集まって会議する，となると限られた人だけで行うクローズドなものになりがちである。しかし，インターネットを使えば，参加者はどこ

図 3.2　Kickstarterに掲載されたプロトタイプ例　[https://www.kickstarter.com/より]

にてもよいし，都合の良い時間にコメントを残したり，それを多数で共有したりしながら，作業を進めていくことができる．

❙ ネット時代のマーケティング

　情報化とグローバル化は密接に関係している．インターネットにより世界がつながり，グローバル化が加速した．企業は徐々に業態を変えながら時代の変化に向き合っている．日本の電機メーカーは，消費者向けの家電部門で，韓国や中国のメーカーとの競争に苦しみ，自動車や住宅関連の製品などにシフトしつつある．

　グローバリゼーションの対象となるのは，主に「どこで作ってもだいたい同じ品質のもの」である．例えば，農産物や大量生産の工業品などが挙げられる．しかし，輸出も輸入もできないようなローカルなサービスもたくさんある．例えば，手作りの豆腐屋さんや，おいしい鰻屋さん，サービスが行き届いた老舗旅館や，味わい深い銭湯，近所の人が集い楽しむ商店街のお祭りなどである．ローカルなものは，海外から安価で大量に輸入されるものとは異なり，楽しいコミュニケーションや細やかな心配りがあって，日々の生活に独特の彩りを加えてくれる．

　マスメディアの時代からネットの時代に入り，ユニークなサービスが次々と生まれてきている．マスメディアの時代は，白物家電に代表されるように，大量の一般大衆をターゲットに，誰もが無難に使えるようなバランスの良い商品を作り，有名タレントをCMに起用して，販売するというスタイルが一般的であった．

　ネットの時代は，アップルやダイソンのように，こだわりのあるユーザーをターゲットに，独自の体験や感動があるようなプレミアムな製品を作り，商品そのものの機能や洗練されたデザインで他を圧倒するようなスタイルが主流化してきた．何か新商品があるとして，SNSで関連する投稿を見たり，好きなYou Tuberによる体験レビューを見たりして，購入するかしないか決断する人が増えてきている．TVのCMは，商品を知るきっかけにはなるだろうが，購入の決め手はネットの情報になってきている．

　Amazonが登場して，まちの書店の売り上げが減少傾向にある．書店に置い

てある書籍は限られているが，ネットならばどんなマニアックな本も検索すればすぐに出てくるし，クリックすれば翌日には家まで届けてくれる。

そんな中，書店が変わり始めている。著者イベントをライブハウスのようにほぼ毎日の頻度で行っている本屋がある[2]。ホームページや動画をみると，「読書会」といって好きな本を持ち寄って自由に話し合ったりする時間があったり，ネットではできないようなリアルな体験が提供されている。

マスメディアの時代は，メーカーからユーザーへの一方的な情報の提供で「一般大衆」向けの大量生産大量消費であった。ネットの時代に入り，メーカーとユーザーが相互に情報を交換しながら，「こだわりのあるユーザー」が満足できる「体験や感動」を共に創っていくことが進展している。

情報化により，顔の見えなかった一般大衆人を前提とした社会から，顔の見えるコミュニケーションができる個人を前提とした社会へと，ゆるやかにシフトしている。教育やビジネス，政治や行政も，このような社会の根本的な変化に，大きく影響されるものである。

3.3 ネットワーク科学

3.1節では，AIがたくさんの仕事をするようになっても，人とコミュニケーションをしたり，ともにイノベーティブなアイデアを考えたりしていくような仕事は，なくならないし，人間の強みであることを見てきた。3.2節では，匿名性の高い大量の情報の受け手をベースとしたマスメディアの時代から，顔の見える相互のコミュニケーションをベースにしたネット社会にシフトしつつあることを紹介した。

双方に共通するのは，コミュニケーションであり，その基盤となるのはネットワークである。誰とつながっているのか，それにより，受け取る情報や，コミュニケーションの内容も大きく異なってくる。3.3節では，このネットワークに着目して，数理情報学者の増田直紀氏による『私たちはどうつながっているのか―ネットワークの科学を応用する―』(中公新書) の概要を紹介してい

---

[2] 例えば，池袋天狼院書店や下北沢 B & B。

きたい。

　飛行機に乗ると座席にある航空会社の冊子に航路のネットワーク図を目にすることがあろう。空港を点，航路を線とするネットワークである。東京や大阪などのハブからであれば，ほとんど直行便が飛んでいるし，地方都市からでも1回乗り換えれば大抵の都市までたどり着くことができる。国際線の航路もスターアライアンスやワンワールドのような提携した航空会社まで含めれば，東京から1〜2回乗り換えれば大抵の都市までたどり着くことができる。このような，はりめぐらされたネットワークにより，点をいくつかたどるだけで，様々な箇所へアクセスできる性質を，「スモールワールド」と呼ぶ。また，主要都市はハブと呼ばれ，航路が集中している様子を見ることができる。その他の多くの空港は航路が少なく，空港によって大きく枝の数が異なる。このようなネットワークにおいて，ある点に枝が集中していく傾向を，「スケールフリー」と呼ぶ。

▌スモールワールド

　2002年ごろ，コロンビア大学（当時）のダンカン・ワッツ教授らが，電子メールを利用したスモールワールド実験を行った。インターネットで実験への参加者を募り，クロアチアの学生，ニュージーランドの陶工，パリの図書館司書，インドネシアの無職の人など目標人物まで，1人1通のみでどこまで繋いでいくとメールが届くか，という実験である。結果，6程度と結論されたそうである（P. S. Dadds ら 2003）。

　6程度とはとても少ない数にも感じるが，例えば日本の大学生がアメリカの大統領まで辿っていけるか考えてみると，大学生→大学教授→教授の知り合いの官僚→在米日本大使館員→アメリカ政府の役人→政府の要人→アメリカ大統領，という感じで，6回程度あれば繋がっていけそうである。ニュージーランドの陶工だって，大学生→語学の先生→在日のニュージーランド人→あるニュージーランド人→陶工の知り合い→陶工本人，という感じで，なんとか繋がっていけそうである。途中もっと効率の良い繋がり方もありそうであるし，もう少し時間がかかる場合もあるかもしれないが，6程度あれば，たしかに世界中のどんな人にも繋がれそうである。

人間関係のネットワークと転職の関係を調べた，アメリカの社会学者でスタンフォード大学のマーク・グラノベッター教授による「弱い紐帯の強み（The Strength of Weak Ties）」という有名な研究（M. S. Granovetter 1973）がある。同僚や親しい友人のような強い関係の人に相談するよりも，たまに趣味のスポーツで会う仲間や，10年会っていない友人のような稀なつながり，一見弱そうに見えるネットワークが，異なる価値観や異なるコネクションとなって，新しい仕事を見つける際に役に立つ，ということを指摘した研究である。

さきほどのスモールワールド実験も，自分とは違うネットワークを持っている人とつながっていくことで，ターゲットにたどり着いていた。転職も，自分とは違うネットワークを持っている人とつながっていると，新しい仕事に出会えるチャンスが広がる，と言えるだろう。

スケールフリー

身長や体重の分布など自然界に存在する物質の質量や形状などは，正規分布と呼ばれ，平均値付近のデータが多く，それより大きいものと小さいものが左右対称に少なくなっていく形状をしていることがよく知られている（図3.3左）。

収入や資産，友達の数など，人間社会に存在する富や関係量は，べき乗分布と呼ばれ，少ない値で数が多く，大きい値になるとゆるやかに数が減っていく左右非対称な形状をしていることが知られている（図3.3右）。

図3.4は，Mathematicaという数学ソフトを開発しているWolfram Research社を起業してCEOのステファン・ウォルファーム氏のblogに掲載されていたFacebookの友達数の分布である。左右非対称で，右に緩やかに延びるべき乗分布であることが見て取れる。

べき乗分布は，ロングテール（長い尾）とも呼ばれる。分布の左側に集中する大量生産大量消費とは異なり，分布の右側に長く分散する少量ではあるが個人の趣味嗜好に応じた満足度が高い商品の流通という，Amazonなどのネットを駆使したビジネスのターゲットを説明するのにも，よく用いられる。

なぜ社会的なネットワークがこのような偏りのある分布をするのか。この問題の説明に，バラバシ・アルベルト・ラースローという物理学者と学生のレ

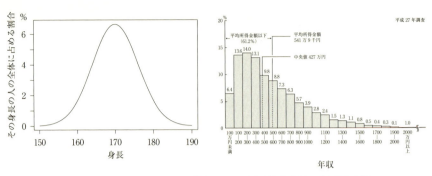

図3.3 身長と年収の分布の違い［右：国民生活基礎調査の概要より］

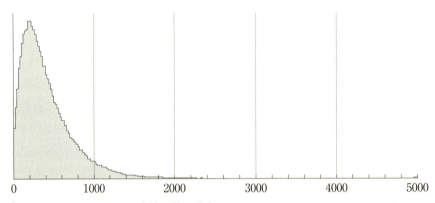

図3.4 Facebook の友達の数の分布
[http://blog.stephenwolfram.com/2013/04/data-science-of-the-facebook-world/]

カ・アルバートが提案した BA モデル（A.-L. Barabasi ら 1999）が持ち出されることが多い。

BA モデルは，「成長」と「優先的選択」という 2 つの要素から，スケールフリー・ネットワークが生成されることを説明している。社会的なネットワークは，常に固定化しているものではなく，変化して，成長したり，減少したりするものである。

そのような変化のメカニズムは，「優先的選択」により説明される。人は，弱いものより，強いものに惹かれやすい。友人や知り合いが多い人が新しい知

人として選ばれやすい。魅力のある点に新しい線が繋がり，そのことがまた新しい繋がりを誘発していく。その結果として，繋がりが非常に多くなる人が出てくる。航空ネットワークでは，東京やシンガポールなどのように航路が集中する空港をハブと呼ぶが，人間関係においてもたくさんの繋がりを持つ人をハブと呼ぶ。

ハブについて

　社会の中で，友人や知人が多く，様々な人から注目されるハブのような人が果たす役割は大きい。地域のまちづくりを進めようとすれば，その地域のハブのような人にアクセスすることが不可欠であろう。企業の中でものごとを進めようとする際も，社内外でネットワークを持っている人が，情報収集の面でも，企画を実行していく上でも，非常に有用になるであろう。

　増田氏は，ハブの基準として，①能力，②先住，③運，の3つを挙げている。外見が魅力的，話が面白い，といった個人の「能力」が高ければ，ハブになる可能性が高くなるであろう。それから他人に先んじること，すなわち「先住」も重要な要素であるそうだ。早いうちに目をつけて，ネットワークの中心に近づけば，初期に繋がりが増えていき，その後ネットワーク拡大期には，「優先的選択」の流れに乗りやすくなる，ということだろう。それから「運」を挙げている。同じような「能力」の人が，はじめからネットワークに参加していて，新しい人をネットワークに参加させてランダムに繋いでいっても，わずかな差が徐々に拡大していき，大差を生むということが起こるそうである。

　ネットワーク科学は，1990年代くらいから，特にアメリカを中心に研究が進み，社会の仕組みを考える上でも様々な示唆をもたらしてくれるユニークな学問である。簡単な導入をしたが，増田氏の書籍をはじめ，多くの書籍や論文が出ているので，手にとって勉強してみると良いであろう。

第3章　情報化の潮流

関連質問 —— 考えを深めるために

3.2節では，ユニークな情報サービスをいくつか紹介しましたが，それ以外にもたくさんの興味深い情報サービスが生み出されています。ネットを調べて，自分が面白いと感じる情報サービスや，今後さらに成長していく可能性があると思う情報サービスを探してみてください。

リーディングガイド

- ◆ 小林弘人，柳瀬博一（2015）『インターネットが普及したら，ぼくたちが原始人に戻っちゃったわけ』，晶文社
- ◆ 増田直紀（2007）『私たちはどうつながっているのか―ネットワークの科学を応用する―』，中公新書

第4章
政策と情報

第4章では,「政策」と「情報」の関わりを見ていく。4.1節では,オープンデータやエビデンスベースドポリシーという「政策」と「データ」の関わりを紹介する。4.2節では,政策課題の1つである「まちづくり」や「認知症」をテーマにした,「アクティブラーニング」や「デザイン思考」といった情報学の幅広い学びを紹介していく。

4.1　政策とデータの関わり

▌オープンデータ

収集したデータを公開して,希望する人が利用できるようにしたものを,「オープンデータ」[1]と呼ぶ。公開されるデータのレベルには大きく2つあり,1つは集計や分析など加工された結果が公開されているというレベルのものであり,もう1つは元データが公開されていて,利用希望者が自由に分析できる「2次的利用」が可能なレベルのものである。また,公開する機関として,政府などの公共機関,大学や研究所などの研究機関,企業やNPOなどの民間組織が挙げられる。近年言及される「オープンデータ」は,一般に,政府などの公共機関が所有するデータを,2次的な利用が可能な状態にすること,特に民間組織がビジネスや非営利活動に利用することを指しているものが多い。企業が有している個人情報は「パーソナルデータ」と区別されることもある。

アメリカでは,1946年に世論調査のデータアーカイブ **Roper Center** が設立され,新聞社や政府が行った世論調査を保管しており,その一部を利用希望する研究者に提供している。現在はコーネル大学にあり,100カ国以上から

---

[1] 庄司編 (2014) や林 (2014) を参照した。

22,000を超えるデータ・セットがコレクションされている。また，1962年に設立された **ICPSR**（Inter-university Consortium for Political and Social Research）は，750以上の学術研究機関の国際コンソーシアムで，25万以上のファイルを保管しており，その一部を利用希望する研究者に提供している。ミシガン大学社会調査研究所（Institute for Social Research）の一部署となっており，統計教育の本格的なサマープログラムを運営していることでも有名である。

さらに，2000年代頃から，ハーバード大学の数理社会科学研究所（Institute for Quantitative Social Science）では，オープンソースのソフトウェアを開発，公開する **Dataverse** プロジェクトを進めている。ソフトウェアを利用して，研究者らが各自でデータを公開すると，世界中からアクセスしてダウンロードできるような自律分散協調型の仕組みとして整えられ，約5万のデータ・セットが公開され，約410万ダウンロードを達成している（2018年11月時点）。研究者が個々に公開するデータがネットワークされてデータアーカイブとして機能する仕組みであり，さらなるデータ共有の促進が期待されている。

このように，世論調査や学術調査を研究者向けに公開することには蓄積があるが，それに加えて，近年では，政府機関のデータを民間組織にも公開する動きが加速化している。2009年にオバマ大統領が就任後，開かれた政府を築くことを目指して，**Data.gov** が開設された。Data.gov は，アメリカの政府機関が保有する様々な統計データを提供するサイトで，2018年11月時点で，30万以上のデータ・セットが公開されている。さらに，公開データを利用したアプリが数百規模で提供されており，政府のサイトや，Civic Commons というサイトからアクセスして利用することも可能である。

それから，2009年から「**Code for America**」というオープンデータなどを利用した市民による公共向けの情報サービスを開発する動きが広がった。政府や自治体が，開発者などを期間限定の行政職員として雇用して，情報サービスを開発する取組みがあり，実際に市役所や州政府から，プロジェクトマネジメントから分析，開発，デザインなど多数の公募情報をホームページで見ることができる。

わが国においても，アメリカの動向に追随するような形で，様々な展開が見られる。1998年に，東京大学社会科学研究所附属日本社会研究情報センター

4.1 政策とデータの関わり

図 4.1 Data.gov（左）と Code for America（右）のホームページ画面

（現在は社会調査・データアーカイブ研究センター）は，**SSJ データアーカイブ**（Social Science Japan Data Archive）を構築し，個票データの提供を行っている。2016 年には 2,000 を超えるデータ・セットが公開され，利用申請も年間 1,000 件を超え，多数の研究論文が作成されている。

個票データの公開ではなく，集計加工された結果の公開という形であるが，政府は 2008 年から e-stat という政府統計のポータルサイトを運用している。複数の省庁が管理している統計調査の集計結果を csv 形式などで取得することができる。2009 年から新たな統計法が施行され，学術研究における 2 次的利用が制度化された。

2014 年からは，内閣官房情報通信技術（IT）総合戦略室が企画し，総務省行政管理局が運用する政府のオープンデータのポータルサイト DATA.GO.JP を公開している。2017 年 6 月時点で約 20,000 データ・セットが公開されており，コンテストや表彰などの報告がなされている。さらに，2015 年からは，内閣府まち・ひと・しごと創生本部が，人口動態や産業構造，携帯電話の位置情報などに関する官民のデータを可視化する **RESAS**（Regional Economy and Society Analyzing System）を公開し，地方自治体などで利用が進められている。API（Application Programming Interface）の仕組みにより搭載されているデータの取得や利用についても試行錯誤が行われている。

また，福井県鯖江市は，全国の自治体に先駆けてオープンデータ活用の推進

47

第 4 章　政策と情報

図 4.2　RESAS（左）と Sabae DATA CITY（右）のホームページ画面

に着手したことで知られている。例えば，日経 BP の記事[2]によると，「バス乗客リアルタイムオープンデータシステムは，鯖江市，jig.jp，さくらインターネットが共同開発した。基になるコンセプトは，Code for Japan のコーポレートフェローシップ制度を利用して鯖江市に派遣されたヤフージャパンの社員と市職員，市民との協業で生まれた」とのことである。公開するオープンデータは 200 近くとなり，オープンデータを利用した 40 近くのアプリが開発提供されている（2018 年時点）。例えば，町内別のごみ収集日やごみの区分を表示する「ごみすてアプリ」，消火栓の設置場所を地図上に表示するアプリなどが公開されているのを見ることができる。

エビデンスベースドポリシー

現実の社会問題では，関係者も多くなり，人によって考え方が異なることもあるし，根拠が不確かな情緒的な議論を経て，本来取るべき対応を取ることができないといったことが起こりえる。対応が遅れたり，誤ったりしてしまうことは，国民の損失に直結するため，社会課題をいかに正確に把握して，適切な対応をするか，ということが重要である。

無業者が増えてきたという社会課題があったとして，仮に当事者へカウセリングや伴走型の就労支援が効果的であるにも関わらず，それよりも効果が低い

---

[2]　柏崎吉一「IT をメガネ，繊維，漆器に続く第 4 の産業に，鯖江市」日経 BP 社サイト新・公民連携最前線（http://www.nikkeibp.co.jp/article/tk/20150114/431688/）より

企業へ助成を増やすという対応を取った場合，十分な課題解決が図られないことになる。もし効果的な対応を取ることができれば，無業者が減少し，失業給付金は抑えられ，税収も増え，多数の無業だった人が新たな仕事で地域や社会に貢献するなど様々な政策効果が得られたはずである。

この時，2つのエビデンス（証拠）が重要である。1つは，無業者数が増えてきたことについての統計である。社会課題を把握する，という側面のエビデンスである。もう1つは，どのような政策をとれば効果的なのか，についての科学的な検証である。政策の効果を計測する，という側面でのエビデンスである。

前者については，古くから統計制度が整えられて取組みがなされてきたが，後者については，実証研究の環境や技術の進展に応じて，近年，盛んになってきているところである。

アメリカでは，2016年に「エビデンスに基づく政策のための委員会設置法（Evidence-Based Policymaking Commission Act of 2016）」が制定され，専門的な検討が行われた。同委員会の目的は，政策決定に関するデータ整備や利用方法，そしてランダム化比較実験などの実施方法や制度化への提言を行うことであり，2017年9月に答申がなされた。同法にランダム化比較実験と明記されていることからも，アメリカ政府が，政策の効果の計測を意図していることが明確である。データ整備も，単なるデータ整備ではなく，政策の効果の計測を可能にするようなデータを整備する，ことが意図されている。

シカゴ大学の伊藤公一郎氏による入門書『データ分析の力』は，政策の効果の計測について，その方法や具体例をわかりやすく説明している。同書では，分析方法として，ランダム化比較実験（RCT；Randomized Controlled Trial），不連続回帰デザイン（RDD；Regression Discontinuity Design），差分の差分分析（DID；Differences in Differences）を取り上げている。そのイメージを紹介したい。

まず，上述のアメリカの法律にも言及された**ランダム化比較実験**である。例えば，新薬開発では，新薬を投与する被験者グループと，偽薬を投与する（あるいは従来の薬を投与する）被験者グループを，ランダムに分けて，両グループの結果を比較することで，新薬の効果を計測する。この時，グループ分けが

恣意的に行われて，薬の効果が高そうな相対的に健康度が高くて回復力が高いグループと，そうではないグループ間で比較を行ってしまうと，結果の差が，そもそもそのグループの特性による差なのか，新薬の効果なのかが明確でなくなってしまう。したがって，介入グループと比較グループを，ランダムに分けることが重要である。グループの被験者数が少ないとたまたまグループ構成に差が出る可能性が高くなるものの，被験者数を多くすればそのような可能性を抑えることができる。

　自然科学や心理学などでは，ランダム化比較実験が良く行われるが，政策問題でも，教育や国際開発などの分野で，パイロット的事業の評価を行う研究事例が見られる。例えば，シカゴ大学都市研究所（University of Chicago Urban Labs）では，「Becoming a man program」という教育プログラム[3]を，犯罪率が高い地域の高校生をランダムに選んで実施して，参加しなかった学生と比較する形でプログラムの効果を評価した。暴力犯罪の逮捕が50％近く減少したり，高校の卒業率が20％近く増加したりするなどの結果が得られているそうである。

　ランダム化比較実験を現実社会で実施するには，様々な困難がある。実際の社会で，多数の人に協力してもらい，特別なプログラムや制度を実験的に実施して，その効果を計測には，行政や企業，研究者や住民など多くの協力が不可欠である。それから，扱うテーマによっては倫理的に実験が困難なものもある。例えば，災害による被災者救援制度について，新しい救援制度を構想したとして，その効果を計測するために，ある被災者には新しい制度を適用して，ある被災者には古い制度を適用するようなことは，災害の被害に苦しんでいる人にとって，またそのことに気持ちを寄せている人にとって，受け入れられるものではないであろう。

　したがって，実験的な分析だけではなく，擬似実験的な分析も多く行われて

---

[3] 1年間に渡り，1回あたり1時間，計27回のグループセッションの機会が提供され，カウンセラーと共に，導入のアクティビティやミーティング，ロールプレイや映像を用いたディスカッション，自己分析やアンガーコントロールなどを学ぶプログラムである。詳細は，シカゴ大学のホームページ（https://urbanlabs.uchicago.edu/projects/becoming-a-man）を参照されたい。

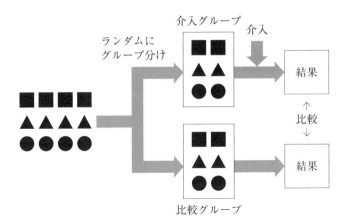

図4.3 ランダム比較実験のイメージ

いる。擬似実験的とは，新たに何か実験を行うわけではなく，たまたま実験をしたような状態に着目して，比較分析を行う，ということである。例えば，日本では70歳の誕生日を境に，医療費の自己負担比率が減少するという制度に着目した研究がある（H. Shigeoka 2014）。70歳を境に，医療サービスの利用人数が大きく変化していることが統計的に示されたのであるが，69歳から70歳や71歳になると極端に病気が増える，ということは考えにくく，医療制度が与えている影響と見なすことができる。このような分析方法は，**不連続回帰デザイン**（RDD；Regression Discontinuity Design）と呼ばれる。

あるいは，時系列で観測されているデータがあり，同じようなトレンドで推移していたものに対して，片方には何か処置が加わり，片方には何も処置が加えられなかったような場合，その後の推移の変化を比較することで，その処置の影響を分析する**差分の差分分析**（DID；Differences in Differences）と呼ばれる方法がある。例えば，東日本大震災後に，公表された南海トラフ巨大地震の想定津波高が，人口移動に与えた影響を，沿岸市町村と隣接する市町村の人口データを比較分析して明らかにした研究がある（直井ら2017）。想定された津波高が，短期的ではあるが人口流出を増加させた影響と，長期的に人口流入を減少させた影響が明らかになった。

実験的あるいは擬似実験的な手法を用いて，様々な政策の効果が適切に評価

第4章 政策と情報

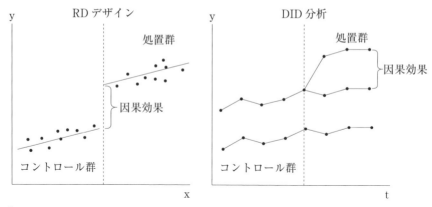

図4.4　RDデザイン（左）とDID分析（右）のイメージ

されることで，非合理な政策が淘汰され，社会的課題の解決が進むことが期待される。ある調査や分析で明らかになった関係性が，国や地域全体にどのような影響を及ぼすのかといった政策シミュレーション，その政策に要するコストとメリットとの対比を行う費用便益分析なども有効な政策情報となるであろう。そのためのデータ整備や利用可能性，政策プロセスにおけるエビデンスの位置づけなどには，さらなる環境整備が必要である。

4.2　政策とアクティブ・ラーニングの関わり

本節では，具体的な政策課題として，多様性に配慮したまちづくりや，認知症の方との社会共生という問題を取り上げ，ワークショップやデザイン思考的なプロトタイピングといったアクティブ・ラーニングの事例を紹介していく。

多様性に配慮したまちづくりを題材にした協創型ワークショップ

ワークショップには，自己啓発や身体解放・表現系のものから，まちづくりワークショップのような合意形成型のもの，さらには，ユニークなアイデアを考えるような創発系のものまで多様である。

広告プランナーでもある中西紹一氏は，ワークショップに「新たな価値を創

出するためにデザインされた，ちょっと大変だが，笑顔の絶えない，一風変わった会議のスタイル」というユニークな定義を与えている．近年，多数の企業が，「新しい発想やアイデア」を探る仕掛けとして，「一風変わった会議」を重宝しているそうである（中西 2006）．ワークショップに取り組む研究者である安斎勇樹氏は，ワークショップデザインのポイントとして，「固定観念をゆさぶる」工夫や，「予想外のアイデア」を志向することを強調している（安斎 2014）．

中西や安斎が志向する企業の商品企画などに利用されるような創発系のワークショップを，本節では「協創型ワークショップ」と呼ぶことにする．

専修大学ネットワーク情報学部では，2010 年頃より，この「協創型ワークショップ」を導入した演習科目を実施してきた．受講学生にとっては，膨大な対話や共同作業に取り組む中で，前向きな学びの姿勢を引き出す機会となってきた．

筆者がチーフを務めた 2015 年度は，若い学生にも人気がある東京を代表する商業地域である原宿・表参道をフィールドとした演習を展開した．夏にはフィールドワーク（まちや来街者の観察ノート作成）も行ない，実際に現地のカフェを会場として，一般来街者，IT・メディア関係者，まちづくり・NPO 関係者，地元商店街関係者，学識経験者など広く集まってもらいワークショップを開催した．

第 7 回目で実施したワークショップの詳細は下記の通りである．計 61 名の外部ゲストに参加してもらった．

・セッション 1：大学生の視点からまちを考える
　首都圏の大学生を招いて，今の大学生の視点を切り口とした，原宿・表参道の魅力・問題点や改善案を考える．

・セッション 2：仕事帰りに一休みできる，原宿・表参道の路地裏の過ごし方
　社会人がアフター 5 に，原宿・表参道の路地裏に立ち寄って，まちを楽しみつつ，リラックス／リフレッシュできるプランの提案を考える．

・セッション 3：誰でも行きやすい原宿・表参道のまちのイベントを考える
　ハンディを持つ方など，あまり原宿・表参道に来ていない人をターゲットとして，その人たちが来たくなるようなまちのイベントを考えてみる．

・セッション4：原宿・表参道の防災を考える
　まちのリスクを洗い出しつつ，原宿・表参道らしくオシャレに気持良く取り組める防災を考えていく。
・セッション5：一人でも行きたくなる原宿・表参道のアプリを考える
　一人でもつい行きたくなるようなまちのスポットやICTツールを考える。
・セッション6：Let's design a mark
　みんなが気持ちよく過ごせるように，どのようにマナーを伝えるか，サインや看板などを作ってもらいながら話し合っていく。
　6つのワークショップは，それぞれ10名程度の外部ゲストを招き，1テーブ

表4.1　応用演習（社会情報）2015年の内容

回	内容
夏	フィールドワーク・読書課題
1	ワークショップ体験（中西紹一氏）
2	フィールドワーク・ワークショップ体験の振り返り，班分け，テーマの検討
3	テーマの吟味，ワークショップのプログラムの検討①
4	ワークショップのプログラムの検討②，中間報告（授業外：ゲスト声かけ）
5	スライドやアンケートの作成，班内で予行練習（授業外：ゲスト声かけ）
6	他グループと予行演習（授業外：ゲスト声かけ）
7	ワークショップ本番（タウンデザインカフェ表参道）
8	振り返り／アウトプットイメージ／文字起こし①
9	文字起こし②，写真整理等
10	分析の流れ／データを読み込む①
11	データを読み込む②／報告資料作成①
12	提案を考える／報告資料作成②
13	発表練習／報告資料修正
14	最終発表会（ECO-AVENUE プレゼンテーション21）
15	レポート提出／ふりかえり

ル5名程度,2テーブルで開催された。ワークショップは,安斎（2014）をベースとして組み立てられ,アイスブレイク→知る活動→創る活動という流れとなっている。図4.6に,セッション3の報告資料の抜粋を示す。まず,ワークショップの狙いを紹介してから,自己紹介（アイスブレイク）→まちで見かけない人を話し合う（知る活動1）→どうして来ないのか話し合う（知る活動2）→誰でも気やすくするための提案を考える（創る活動）という流れとなっている。その間にたくさんの発話がなされ,成果物も残るので,それを題材に報告資料を作成していくことになる。

図4.5　ワークショップの様子

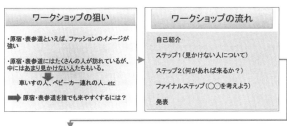

図4.6　ワークショップの流れ（セッション3）

第4章　政策と情報

　第9回からは，当日撮影した映像から，全発話を文字起こしし，計400ページ以上のテキストデータとした。データを読み込んでいき，特徴的な発話を抜き出し，それらをもとにアイデアや提案を検討しながら，報告資料を作成していった。第14回の最終報告会は，渋谷区地域交流センター神宮前にて，地元まちづくり協議会のメンバーら20名程度を前に，プレゼンテーションを行った。

　図4.7に報告資料の例を示す。左図はセッション4の発話例で，ワークショップ当日の参加者の発話の抜粋が示されている。東日本大震災当日，震度5程度の東京都内でも，業務用の天井埋め込み式エアコンの落下があったことは，都市直下地震時に各所で非構造部材の落下というリスクが潜んでいることを示唆することをあらためて認識させられる貴重な情報であった。

　右図は，セッション3の発話を参考に，ハンディキャップのある方や外国人観光客もくつろげるような畳のあるコミュニティスペースを提案したものである。原宿や表参道のまち中で，古い住宅やビルなどを改装して休憩できるスペースがあれば，買い物客や観光客に喜ばれるであろうと思われた。

図4.7　最終報告会の報告資料の一部

　最後に，提出してもらった最終レポートから，いくつか記述を抜粋して紹介したい。

　「人前でたくさん話したが，以前より人前で話しをしたり発表したりする際の恥ずかしさや抵抗がなくなりました。間合いに気をつけたり，相手の顔を見

て話せたり，少しずつだが意識できるようになったことが，いちばん自分自身が向上した点だと思う」というような感想や，「今まで，自分で意見を持っていても，言わないことが多かった。しかし，この演習を通じて，自分の意見を発信することは恥ずかしいことではなく，むしろ自分のグループを良い方向に持っていけることがあると気が付いた。これに気が付いてからは，自分の意見をなるべく発信するようになった」のような感想が寄せられた。協創型ワークショップを用いた演習が，若い学生のコミュニケーションへの態度へ大きく影響していることがうかがえた。さらに，「たくさんの人の意見を聞くことの重要さを知りました。そうすることで，自分の視野が大きく広がりました。人の話した内容を後から分析をすることを通じて，地域の問題やニーズを真剣に考察することができました」というような感想があり，協創型ワークショップの政策検討への利用可能性がうかがえた。

認知症の人との社会共生をテーマにした「デザイン思考」

筆者らは，2016年から2カ年進められた「認知症の人の社会共生と課題解決」のための学生による国際交流・共同研究プロジェクトに参加した。川崎市・渋谷区との自治体連携，慶應義塾大学・専修大学・青山学院大学との大学連携，オランダのDelft University of Technology（デルフト工科大学）との国際連携，ピープルデザイン研究所やDFJI（認知症フレンドリー・ジャパン・イニシアティブ）等との団体連携など，多様な主体との連携体制を持ちながら，認知症の課題解決のためのサービスやプロダクトの考案，さらに実証実験や他地域へ展開可能なロールモデルの提案を狙ったものである。

専修大学では，筆者と，コンテンツデザインを専門とする栗芝正臣准教授に加えて，ピープルデザイン研究所から須藤シンジ氏を兼任講師として迎え，計3名の教員による共同演習として開講した。

演習は，「**ピープルデザイン**」（障害者・認知症を含む高齢者・性的不一致の方・子育て中の父母・訪日外国人の方などが感じる様々な課題を対象として，それをクリエイティブに解決する方法の提案を通じて，一般の人々のダイバーシティマインドを醸成していこうというコンセプト[4]）をテーマとして設定することで，学生に超高齢社会を切り開くような創造性を求めることとした。

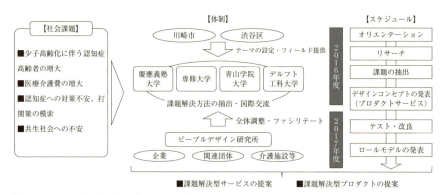

図 4.8 認知症プロジェクトの概要図

　デルフト工科大学は，半年くらい早く動き出し，日本側はキックオフ時に，オランダの大学院生チームの膨大なプレゼン資料や報告書を目にする機会を得た。その充実したリサーチと複数の手法を駆使した洗練されたアウトプットに驚かされた。

　このプロジェクトに参画したデルフト工科大学デザイン工学部（Delft Faulty of Industrial Design Engineering）のデザイン教育は，世界で高い評価を受けているもので，翻訳版が刊行されている『デザイン思考の教科書』（日経 BP 社）でも知られている。同書では，多様なデザイン手法約 70 種類が，ビジュアルとともに見開きで解説されている。筆者らが目にしたアウトプットは，『デザイン思考の教科書』に紹介されているいくつかの手法が実際に組み合わされて成り立っていた。ユーザー観察，インタビュー，マインドマップ，トレンド分析，シナリオ，ストーリーボード，ブレーンストーム，インタラクションプロトタイピング，原価売価見積，デザインスケッチ，技術文書の作成，ビデオビジュアライゼーションといったような手法が，1 つのテーマへの課題解決策の提案に用いられていた。

　そのような海外の先行プロジェクトを横目に見ながら，筆者が担当した専修大学のプロジェクトでは，具体的にどのような取り組みをしたのか，時期を追

---

[4] 詳細は，須藤（2014）を参照されたい。

4.2 政策とアクティブ・ラーニングの関わり

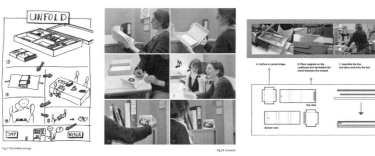

デザインスケッチ　　　シナリオ　　　　　　技術文書の作成

図4.9　デルフト工科大学デザイン工学部 Joint Master Project「Unfold」報告書の一部

って書き出してみたい。

• 2016年度の取り組み

オリエンテーション（2016年4～5月），富士宮合宿（2016年8月）

　2016年の4～5月にかけて，認知症について取り組む行政や企業の方を招いて，対象とする問題について理解を深めることに取り組んだ[5]。また，夏季休暇中には，対策が進む静岡県富士宮市を訪ね，市役所や市内での取り組みをヒアリングや視察し，宿では井庭・岡田（2015）をベースにした「旅のことばカード」を使いながらチームづくりを行った。

　筆者を含めた大半が，それまで「認知症」について学んだり，認知症の方と接したりした経験はなく，はじめての学びの機会となった。市役所や企業の取り組み，また施設などで実際に当事者の方と接する機会を持つことで，問題を身近に感じられるようになった。

アイデアの検討（2016年6～12月）

　学生21名が6つのグループに分かれ，ヒアリングやアイデア検討，プロト

---

[5] 本書では，認知症そのものについての専門的記述は行わない。認知症について勉強されたい方は，長谷川和夫（2013）『よく分かる認知症の教科書』（朝日新書）や，上野秀樹（2016）『認知症　医療の限界，ケアの可能性』（メディカ出版）などをあたられたい。2つの書籍は，川崎市役所の担当者から教えてもらい，参加学生の春休みの課題図書として提示されたものである。他に，徳田雄人（2018）『認知症フレンドリー社会』（岩波新書）がある。

タイプ作成やプレゼンテーションなどを行った。

徘徊問題をテーマに，GPS と LED を靴に装着して近隣の認知症サポーターのオレンジリングの LED を連動させて光らせるアイデア，BLE チップを内蔵したブレスレットを自分で作るというアイデアが考えられた。また，若年性認知症の方の就労支援の一環として大学での認知症講座という企画案が作成されたり，福祉施設のクリスマスイベントで VR 体験会を開催するというアイデアを実施したりするなど，大学と地域の交流という視点での検討がなされた。それから，認知症の方と介助者が自然に利用できるトイレのデザインを検討をしたグループや，回想法やパーソンセンタードケアを志向した祖父母と孫のコミュニケーションツールを検討したグループといった多様なアイデアが出された。

超福祉展（2016 年 11 月），オランダでの成果報告会（2017 年 2 月）

2016 年の超福祉展[6]で，連携する国内外の大学と共同報告会を行ない，翌朝の NHK ニュースでも報道されるなど注目を集めた。2017 年 2 月にはオランダ・デルフト工科大学で共同報告会が設けられ，海外学生も交えた多様なアイデアに触れる貴重な機会となった。

図 4.10　2016 年度の様子（左：グループワーク，中：超福祉展，右：デルフト工科大にて）

• 2017 年度の取り組み

オリエンテーション（2017 年 4 月）

2017 年度は 3 年生 18 名，4 年生 5 名の計 23 名で実施した。栗芝准教授はデ

---

[6] ピープルデザイン研究所が主催する「超福祉」に関する商品展示やシンポジウム等のイベント。日経 BP 総研社会インフララボによるムック本も刊行されている。

ルフト工科大学へ在外研究員として滞在することになり，教員は佐藤と須藤の2名体制で，DFJIの岡田氏らにサポートをお願いした。市内のグループホームの方と若年性認知症当事者の方，多摩区役所，認知症VRに取り組む下河原氏などからゲストレクチャーをいただいた。

プロトタイピング（2017年5～10月）

2016年度のアイデアを発展させたり，社会実験をしたりすることを促しつつ，23名が3グループに分かれ，アイデアの実装や実験を行った。祖父母と孫のコミュニケーションブックは，メンバー学生1人が独自にアクセスして，都内の小学校の夏休みの課題として実際に利用してもらう機会を得た[7]。

認知症の方と大学生の交流を考えるチームは，近隣の地域包括支援センターや自治会の方との意見交換，音楽イベントの共催，大学へ近隣高齢者を招いたスマートフォン相談会といった活動へ展開した。VRチームは，災害時の認知症の方や外国人とのコミュニケーションをテーマにした実写型VRを制作して渋谷区総合防災訓練や超福祉展などで体験ブースを出展した。

成果報告会（2017年11月）最終報告書の作成（2017年12月～2018年1月）

渋谷ヒカリエの超福祉展での報告に加えて，川崎市で開催される介護いきいきフェアにおいても報告を行う機会を得た。

市役所や区役所への報告書を作成するにあたり，専修大学では，学生たちが一文一文を見直しながら丁寧に作成できるように，およそ2カ月の報告書作成期間を設け，細かな文章指導を目指した。

- 作成されたアイデアの紹介〜祖父母の来歴を共有する絵本〜

筆者が担当した活動のなかで，2カ年継続した取り組みが行われた祖父母と孫のコミュニケーションツールを紹介したい。

このツールは，先に紹介したデルフト工科大学「Unfold」の提案に影響を受けたものであるが，プロジェクト内のヒアリングや施設訪問などを経て，回想

---

[7] 学生から各家庭へのフィードバックが遅れるというミスがあり関係者へ謝罪するという事態となった。学生主体のプロジェクト・マネジメントにある連絡不足等のリスク，大学生と地域の連携プロジェクトにおける事前教育の必要性，教員の相当適度の関与やフォローアップの必要性等が課題として残った。

法やパーソンセンタードケアについて学習した上で，祖父母と孫のコミュニケーションに着目して作成されたものである。

回想法とは，「昔の懐かしい写真や音楽，昔使っていた馴染み深い家庭用品などを見たり，触れたりしながら，昔の経験や思い出を語り合う一種の心理療法」[8]で，「認知症の方へのアプローチとして注目」されているものである。非薬物療法の1つで，介護職の方だけでなく，家族でも行うことができるものである。

パーソンセンタードケアとは，「認知症をもつ人を1人の「人」として尊重し，その人の立場に立って考え，ケアを行おうとする認知症ケアの1つの考え方」[9]である。NHKスペシャルのシリーズ認知症革命の第2回（2015年11月15日）[10]では，「認知症の人の心に目を向け"本人重視"の接し方を取り入れることで，家族や介護者の多くが頭を悩ませている妄想や暴言・暴力などの症状や行動を大きく改善」した事例が紹介されていた。

表4.2に示した1986年から2016年の30年間の変化を見てもわかるように，少子高齢化にともない，単独世帯，夫婦のみの世帯が増加し，3世代世帯の割合は減少を続けている。単独世帯は，18.2%から26.9%と，およそ1.5倍に，三世代世帯は，15.3%から5.9%と，およそ3分の1になっている。

2015年の不二家ファミリー文化研究所の既婚女性を対象にした調査[12]によると，子どもと祖父母が会う頻度は，月に1回以上が約3～4割，年に数回程度が約4～6割という結果であった。

多くの子どもは祖父母と別居しており，半数程度の子どもは年に数回程度と，祖父母と孫の交流が少ない状況が見えてくる。都市化や核家族化が進むことで**多世代交流**が減少してきている。

回想法，パーソンセンタードケア，祖父母と孫の交流といった要素を組み合

---

[8] https://www.tyojyu.or.jp/net/byouki/ninchishou/kaisou.html より（最終閲覧：2018年10月）

[9] https://www.tyojyu.or.jp/net/byouki/ninchishou/person-care.html より（最終閲覧：2018年10月）

[10] https://www6.nhk.or.jp/special/detail/index.html?aid=20151115（最終閲覧：2018年10月）

4.2 政策とアクティブ・ラーニングの関わり

表 4.2 世帯構造別に見た世帯数の構成割合の変化 (1986→2016)[11]

家族類型	1986 (a)	2016 (b)
単独世帯	18.2	26.9
夫婦のみの世帯	14.4	23.7
夫婦と未婚の子のみの世帯	41.4	29.5
ひとり親と未婚の子のみの世帯	5.1	7.3
三世代世帯	15.3	5.9
その他の世帯	5.7	6.7

わせながら，図 4.11 に示すようなコミュニケーションツールのプロトタイプが制作された．祖父母と孫のコミュニケーションにおいて，祖父母が孫の好きなことを聞き出す「祖父母→孫」タイプのものが多いように思われるが，このプロトタイプでは，孫が祖父母のことを聞き出す「孫→祖父母」のタイプのものをデザインしている．

制作したプロトタイプを利用することで，孫が祖父母自身のことについて聞き取りをして知ることができ，祖父母はこれにより「回想」が促され，認知症予防に寄与することを狙ったものとなっている．同時に，季節ごとの設問やデザインが設けられており，休みごとに帰省して，減少している孫と祖父母のコミュニケーションを豊かにすることを狙ったものとなっている．

さらに，このシートは本のように束ねて保管できるようにデザインされている．祖父母にとっては，たまに訪れる孫の手書きの記録として眺め直すことができるし，もし認知症になった時に，祖父母の人となりが記録された貴重な情報となる．介助者がこのシートを手に取ることで，祖父母の好みや人柄に応じた「パーソンセンタードケア」をサポートするものとなることを狙っている．

---

[11] 国民生活基礎調査（平成 28 年）の結果かグラフで見る世帯の状況 https://www.mhlw.go.jp/toukei/list/dl/20-21-h28.pdf （最終閲覧：2018 年 10 月）
[12] https://www.fujiya-peko.co.jp/mori/reading/report2/1504.html （最終閲覧：2018 年 10 月）

第 4 章 政策と情報

「回想法」による認知症の予防やケア，認知症になった際の「パーソンセンタードケア」を支援するパーソナルヒストリーの作成，それを行うためにデザインされたコミュニケーションツールが減少してきた孫と祖父母の多世代交流を作り出していく，という複数の要素がうまく組み合わされたユニークな提案となった．

筆者自身も，祖父母と遊んだり話しをした記憶は十分にあるが，祖父母がどのような青年時代を過ごしたのか，どのような仕事をしていたのか，祖父と祖母のなれそめや，どのような子育てをしたのか，など祖父母自身のことについてはほとんど記憶がない．筆者もこのツールがあればもっと祖父母のことを知れたのではないかと思い，素晴らしい提案と感じることができた．さらに，図4.11 の写真は，筆者の家族が利用してみたものであるが，楽しい雰囲気で会話が続けられる様子を見て，本提案の可能性を強く感じた次第である．

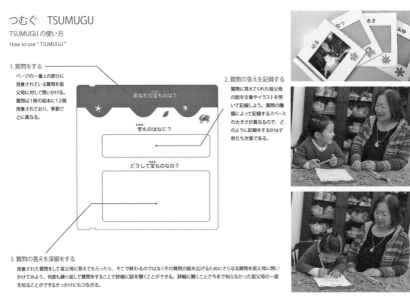

図 4.11 祖父母と孫のコミュニケーションツールの開発（報告書より）

他方，学生のプロジェクト・マネジメントや制作プロセス，教員の指導方法等は，至らなかった点や改善の余地があり，さらなる工夫やノウハウの蓄積が

必要と考えている。

　日蘭国際交流プロジェクトを通じて，デザイン思考による社会課題へのアプローチの魅力や可能性を実感すると同時に，日本とオランダの間にある社会文化的な違い，教育や学生の姿勢の差異などが大きいことも感じさせられた。

　プロジェクトを通じて1年間デルフト工科大学へ在外研究員として滞在した栗芝氏より，デザイン工学部の学生の多くが『Convivial Toolbox』というテキストをよく勉強していたことを聞いた。同書を開くと，デザインプロジェクトの進め方について表4.3の様に記されていたので，紹介したい。図4.8に示した本プロジェクトが目指していたものの具体は，この表に示されているものと考えられる。

　デザインプロジェクトにおいて，まず，そのテーマについて「何がすでに知られているかを探してレビュー」したうえで，チームを作り，動き出す。そして，デザインしようとするものの現状の使われ方をよく理解することが挙げられている。デザイン工学部のプロジェクトでは，このように，デザインする前のリサーチに相当の時間を使うそうである。

　そのうえで，「どのような参加者がよいか考えて，声をかける」というプロセスが挙げられている。プロトタイプを制作するより前に，その利用実験をしてもらう参加者に声をかけてどのように実験するかを計画する，というプロセスが入れられており，利用実験をすることを強く意識した進め方となっている。

　同時並行的にプロトタイプを制作し，計画した利用実験を行い，結果を踏まえて修正して，最終的な研究成果物を作成する。さらに研究成果物について，インタビューやワークショップを行い，最終的なレポートを作成するという手順が示されている。

　紹介した筆者らの絵本のプロジェクトでは，利用実験をするところまではたどり着いたが，その選定や依頼プロセスには課題が残った。その後のプロトタイプの修正や，最終的な成果物についてのインタビューやワークショップまでは実施できなかった。当初より，どのような参加者がよいか良く考えて，どのように実験をしてフィードバックするのか計画できていれば，さらにプロジェクトを前に進めることができたものと考えられ，このような進め方を取ることの重要性を実感した次第である。

表4.3 デザインプロジェクトの進め方[13]

原文	和訳
Find and review what is already known	何がすでに知られているかを探してレビューする
Initiate the team (s)	チームを作り，動き出す
Understand the current context of use/experience	現状をよく理解する
Screen and recruit the participants	どのような参加者がよいか考えて，声をかける
Plan what the participants will go through	参加者に何をしてもらうか計画する
Create the materials	プロトタイプを制作する
Pilot test the plan and the materials	参加者とプロトタイプの利用実験を行う
Revise and produce the research materials	プロトタイプを修正して，研究成果とする
Conduct the interviews or workshops	成果物についてインタビューやワークショップを実施する
Document the data	一連の作業をレポートにまとめる

関連質問 ── 考えを深めるために

　本章では，政策とデータ分析の関わり，大学でのアクティブラーニングとダイバーシティなまちづくりという政策課題への取り組み事例を紹介した。これらは膨大な政策課題のごく一部であり，社会に様々な政策課題がある。報道や個人的な経験などを振り返りながら，あなたが気になる社会問題を1つピックアップして，大学での学びや取り組みにどのように繋げられそうか，考えてみてください。

---

[13] E. B.-N. Sanders & P. J. Stappers（2014）148p の Table#6.1 An outline for the workplan の一部に加筆

リーディングガイド

- 伊藤公一朗（2017）『データ分析の力　因果関係に迫る思考法』，光文社新書
- 安斎勇樹（2014）『協創の場のデザイン―ワークショップで企業と地域が変わる』，藝術学舎
- アネミック・ファン・ブイエン他（2015）『デザイン思考の教科書』，日経BP社
- 井庭 崇・岡田誠編（2015）『旅のことば』，丸善出版

第5章
被害想定の情報と政策

　第4章では，政策とデータ，政策課題とワークショップやデザイン思考，といった政策と情報の関わりを紹介した．情報学の幅広い学びは，現実の政策課題につながっていく．第5章[1]では，より具体的に，想定首都直下地震の被害想定をテーマに，政策情報的アプローチを展開した事例を見ていくことで，政策と情報の学びのイメージを広げてもらいたい．

5.1 被害想定とは何か

防災情報の種類

　防災情報のタイプとして，①ハザードマップ，②リスクインデックス，③被害想定，④計画・マニュアルがあり，それぞれの内容や目的は表5.1のように整理できる．

　①ハザードマップは，地表面の揺れ，液状化，土砂崩れ，浸水被害などを，地盤の特性から図化するもので，多くの自治体が作成して公開している．洪水や火山など周辺住民への啓蒙や，不動産用地選択や安全投資等の参考に資する情報である．例えば，防災科学技術研究所による全国地震動予測地図（J-SHIS）が挙げられる．阪神・淡路大震災を契機に，政府に地震調査研究推進本部が設置され，地震ハザード評価の研究が進み，2005年から防災科学技術研究所がインターネットで公開している．現在は，250 mメッシュに対応した閲覧，検索，データのダウンロードなどが可能になっている[2]．

　温暖化による海面上昇や気候変動とも重なり，大型の台風や豪雨，洪水とい

---

[1] 佐藤（2018）をベースに，一部割愛したり，加筆したものである．
[2] 公開データを利用した研究事例として H. Matsuura and K. Sato（2018）がある．

5.1 被害想定とは何か

表 5.1 防災情報の種類

タイプ	内容	目的	例
ハザードマップ	地表面の揺れ，液状化，土砂崩れ，洪水被害などの災害リスクを，地盤の特性から図化	都市開発における用地選択や安全投資，住民啓蒙	確率論的地震動予測地図 洪水ハザードマップ
リスクインデックス	災害リスクに対して地区がどれだけ危険かを相対評価したもの	保険料率算定，防災事業のプライオリティづけ，住民啓蒙	大都市災害危険度指数 地域危険度評価
被害想定	ある設定した条件における被害予測	応急対応のための防備，被害軽減の目標，住民啓蒙	地震被害想定 IPCC AR5 の一部
計画・マニュアル	災害リスクや予想される被害に対する備えや対応策	具体的な取り組みを進めるための方法を明らかにする	防災計画，BCP，『東京防災』

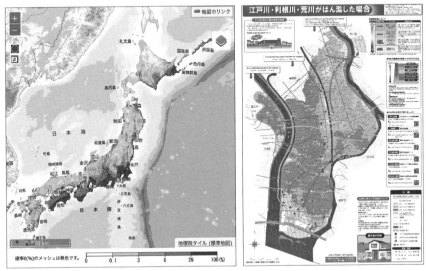

図 5.1 J-SHIS（左）[3] と江戸川区洪水ハザードマップ（右）[4]

った水害リスクへの危惧が高まっているなか，多くの自治体で洪水ハザードマップを作成，公開している。江戸川区のハザードマップを見ると，荒川や江戸川，及び利根川で堤防が決壊した場合に想定される浸水状況が示されており，区内のほぼ全域が水没する結果が示されている。区外も含めた避難先が示されており，膨大な区民の避難対応の現実性が課題となっている。

②**リスクインデックス**は，災害リスクに対して地区がどれだけ危険かを相対評価したもので，いくつかの保険会社や国際機関が作成している[5]。東京都による地域危険度評価も，リスクインデックス型の災害リスク情報として位置づけることができる。町丁目単位で，建物倒壊危険度，火災危険度，災害時活動困難度などを考慮した総合危険度を算出し，相対評価を行うもので，報告書はインターネットでも公開されている。東京都では，防災都市づくり推進計画を定め防災事業を進めているが，その整備地域・重点整備地域は「地域危険度が高く，かつ，老朽化した木造建築物が特に集積するなど，震災時に特に甚大な被害が想定される地域」とされており，リスク指標と連動したものとなっている。

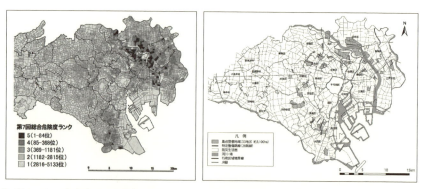

図 5.2 東京都の地域危険度（左）と防災都市づくり推進計画の重点整備地域（右）

---

[3] 防災科学技術研究所 J-SHIS ページ（http://www.j-shis.bosai.go.jp/map/）より
[4] 江戸川区ホームページ（https://www.city.edogawa.tokyo.jp/bousai/koujo/n_hazardmap.html）より
[5] 具体的な事例について永松・佐藤・田中・山本（2015）に詳しい。

③**被害想定**は，ある設定した条件における被害予測で，応急対応や適応策のための防備の根拠になる．リスクインデックス型が確率論的で総合的な評価を志向しているのに対して，被害想定型のリスク情報は，確定論的で個別的な評価となるが，被害がイメージしやすく，実際の防災計画に利用しやすいという特徴を持つ．

図 5.3 の左図は，JCCCA（全国地球温暖化防止活動推進センター）が作成した IPCC 第 5 次報告書の中の海面水位上昇についてのものであるが，最大 82 cm 上昇するという数値が，対策の目安としてわかりやすい．将来の護岸整備や，土地利用のあり方を考える際に，有用な情報となるであろう．

2012 年のハリケーン・サンディは，ニューヨークを直撃し，高潮による地下鉄の浸水，800 万世帯の停電，証券取引所の休場などをもたらし，避難者数はニューヨーク市で約 38 万人，被害額は 8 兆円規模と，大きな社会経済的影響を与えた．米政府とニューヨーク市は，The Dryline（BIG U）と呼ばれる洗練された沿岸水害対策事業を進めているが，その際にも，想定される高潮の高さとともに，海面上昇の想定数値が，重要な前提となるであろう．

右図は，内閣府が公表している首都直下地震の想定震度分布と概要である．揺れによる建物被害に伴う要救助者が最大 7 万 2 千人にのぼるという数値，建物倒壊・焼失最大約 61 万棟という数値など，対策の目安としてわかりやすい．

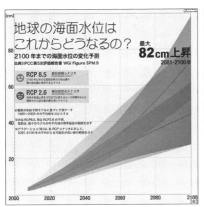 

図 5.3 被害想定型リスク情報（左：海面水位，右：首都直下地震被害想定）

要救助者数の想定は，救助のために必要な共助力，自主防災組織等の訓練や準備の目安として役立つ情報となるであろう。住宅被害数は，住宅が壊れてしまった人への仮設住宅について，最大何戸分を準備しておければ良いのか，そのための建設用地の確保や，建設・不動産業や近隣自治体との協力協定など，具体的な準備を進める際に有用な情報となる。

④**計画・マニュアル**は，災害リスク情報を踏まえて，組織や個人がどのような備えや対応をしたら良いかを明文化したもので，防災計画，BCP（Business Continuity Plan，事業継続計画），防災マニュアルなどがある。行政が住民向けにハザードマップや対策行動をまとめたリーフレットなども多数ある。東京都は2015年に『東京防災』という防災用のハンドブックを制作し，都内の全世帯に配布した。備蓄品のチェックリストや応急手当ての方法などをイラスト付きでわかりやすくまとめたもので，ビジュアルやデザインへの配慮が進んだ。

図5.4 『東京防災』の「今やろうマーク」

首都直下地震の被害想定

東京の地下深部は，プレートが重なりあう複雑な構造となっていることがよく知られている。過去の地震情報の統計分析から，首都圏の地下を震源とするマグニチュード7クラスの地震は，今後30年以内に70%程度の確率で起こるとされている。しかしながら，首都圏のどこでどのようなタイプの地震が発生するのか，正確に予測することはできない。

その上で，防災計画上の対策目標として，最も被害が大きくなると予想されるM7クラスの都心直下地震について，阪神・淡路大震災などの過去の震災被害統計や関連データを用いて人的・物的被害などが予測されている。

表5.2に，内閣府（2013）による人的・物的被害の東京都分をまとめた。死者数は3,400〜13,000人，建物被害は145,000〜333,000棟，帰宅困難者数は380〜490万人，避難者数は都区部で最大330万人，うち130万人が公的避難所へ行くと想定されている。東京都（2012）による人的・物的被害も，内閣府（2013）の予測範囲と概ね同じ結果であるが，避難者数は都区部で最大311万

表 5.2 東京湾北部被害想定　人的・物的被害（東京都分）

	条件	揺れ	火災	その他	合計
死者（人）	夏昼，風速3m/s	2,900	400-700	100	3,400-3,700
	冬夕，風速8m/s	4,000	4500-8400	300	8,900-13,000
	条件	揺れ	火災	その他	合計
建物被害（棟）	夏昼，風速3m/s	105,000	33,000	7,000	145,000
	冬夕，風速8m/s	105,000	221,000	7,000	333,000
	条件	帰宅困難者数	割合		
帰宅困難（人）	平日の12時　公共交通機関が全域的に停止	380万-490万	41-52%		
	条件	避難所	避難所外	合計	
避難者（人）	都区部最大	130万	200万	330万	

［内閣府（2013）：都心南部直下地震，東京都の被害を抜粋］

人，うち202万人が公的避難所へ行くとされている点が若干異なっている。

　都道府県の被害想定は対策主体となる市区町村単位で公表され，避難所収容人数や物資備蓄等の地域防災計画における災害対応の準備目標として利用される。

　被害想定を詳細に見ると，発災時刻や風速により，死者数（火災），建物被害（火災）が大きく異なる結果となっている。都市部が震度7や6と激震となった阪神・淡路大震災は早朝5時46分に発生しており，死因の大半は自宅での家具や建物倒壊による圧死とされている。オフィスビルの被害や商業施設における設置物の転倒等多数発生しているが，大半の人は自宅にいた。都市部が昼間に激震に襲われた場合の，屋内収容物転倒や天井部落下，屋外設置物転倒や落下等による死傷者数は不明であり，「その他」の原因による死者数が膨れ上がるリスクが指摘できる。それは，膨大な帰宅困難者数とも対応するリスクとなる。

5.2　帰宅困難者問題のワークショップとデザイン

　東日本大震災当時，首都圏の鉄道が点検等のため停止状態となり，大量の帰宅困難者が発生し，多くの関心を集め，現在も防災計画上の重要課題の1つとなっている。帰宅困難問題よりも優先すべき課題を指摘する識者がいる（例えば片田 2012）が，巨大都市であるが故のリスクが潜んでいる可能性もある。2015年から2016年あたりにかけて，東京を代表する商業集積地の1つである原宿・表参道地域を対象としたフィールドスタディを行なったので，その概要を紹介する。

帰宅困難者問題の何が問題なのか
- 人の命が奪われるリスク

　2016年2月に日本看護協会ビル・JNAホールにて，「BOSAIタウンミーティング@原宿・表参道」を開催し，約80名の参加を得て，都心商業集積地の防災課題について議論した。帰宅困難者問題に詳しい廣井悠氏（東京大学）より，東日本大震災時の特殊性として，これまでにない大量の帰宅困難者が発生

したが，あくまで最大震度5強での状況であったこと，そして，今後想定すべき状況は，大都市における大規模地震発生時の，多数の建物倒壊，同時多発火災の発生，道路の被害・不通，膨大な救急ニーズ等であることが話題提供された。

帰宅困難者の問題とは，東日本大震災時のように大量の人が交通手段を失い帰宅できなくなることに起因して，大量の人が自宅や帰宅困難支援（受入）施設などを目指して動き回るなかで，余震（あるいは本震）による建物倒壊や落下物，同時多発火災などに巻き込まれたり，圧倒的な人波の中でドミノ倒しになったりするなどして，「人の命が奪われる」リスクにあると考えられよう。

- 「排除のない防災」と「意識のバリア」

そして，帰宅困難問題を考える上で欠かせない視点が「排除のない防災」である[6]。福祉防災の専門家でもある立木茂雄氏（同志社大学）は，論考「排除のない防災の展開が必要だ」（立木 2016）において，災害対策上特別な対策が必要な高齢者や障害者といった「災害弱者」が古くから指摘されていること，「障害の問題とはまず障害者が経験する社会的不利（益）のことなのでありその原因は社会にある」とする「障害の社会モデル」の展開，2015年3月の国連防災世界会議で発表された仙台防災枠組み（Sendai Framework for Disaster Risk Reduction 2015-2030）の中に示された「排除のない防災」などを解説した上で，現実の自治体の動きが遅いことを指摘している。

東日本大震災での高齢者や障がい者への対応課題を受け，2013年6月に災害対策基本法が改正され，「避難行動要支援者」の名簿の作成と，消防機関や自主防災組織等への名簿情報の提供が定められている。自治体の運用について，例えば，茅ヶ崎市のホームページ「避難行動要支援者支援制度がスタートしました」[7]を見ると，名簿のカバー率が課題となっている。その原因の1つに，

---

[6] 大槻知史氏（高知大学）のゲストレクチャ（2017年12月14日専修大学「環境と情報」）においても，「避難所でやってしまいがちなこと」として，「排除」「隔離」「無視」「我慢の強制」を指摘され，具体例として「着替え場所がなかった女性」「入れてもらえなかった障がいを持つ子ども」「泣きながらパンを食べたアレルギーの子ども」が紹介された。

[7] http://www.city.chigasaki.kanagawa.jp/otoshiyori/1023673.html（最終閲覧日：2017年12月18日）

須藤（2014）が述べるような健常者と高齢者や障がい者の間に「意識のバリア」があるという問題があろう。

須藤氏は，「ファッションやデザイン，エンターテイメントやスポーツなどのコンテンツを手段に，マイノリティに寛容なダイバーシティを実現する行動を発動するデザイン」という「ピープルデザイン」というコンセプトを掲げ，下肢障がい者も利用できるファッショナブルな靴の企画販売，手先が不器用な人でも簡単に開け閉めできるレインコートの企画販売，障がい者の就労支援（プロサッカーチームの会場スタッフなど）など活動を広げ，国内外から注目を集めている[8]。

一般の人が当たり前のように多様な「弱者」をサポートし，サポートを受ける側も気兼ねしないような「意識のバリア」がない社会を作っていくために，特に都心商業集積地においては，デザインやエンターテイメントなどの「かっこいい」「ワクワクする」ような手段で社会課題の解決へアプローチしていくことも，有効な方法の1つと考えられる。

BOSAI MANGA MAP の制作

帰宅困難，排除のない防災，意識のバリア，ピープルデザイン，などを学びながら，原宿表参道で展開してきたフィールドワークについて紹介していく。

原宿表参道などの東京都心商業集積部は，2020年東京オリンピックや観光政策の展開により，さらなる国内外の来街者の増加が見込まれる。想定される首都直下地震時には，都心部ゆえに従来予想されなかったような被害や混乱が発生するリスクも指摘できる（佐藤ら2013）。

本節では，2016年12月に実施した非公開型のワークショップを踏まえて，整理した都心商業集積地の防災課題を示し，実際に作成配布された原宿・表参道・竹下 BOSAI MANGA MAP について紹介する（佐藤・大矢根・吉井2017）。

---

[8] 具体的な情報は，ピープルデザイン研究所のHP（http://www.peopledesign.or.jp）を参照されたい。

5.2 帰宅困難者問題のワークショップとデザイン

- 都心商業集積地の防災課題の検討と整理

ステークホルダーによるワークショップの実施と想定される被害や対応

　2016年12月に，渋谷区穏田区民会館において，地域の防災に直接関係する方18名（消防署，警察署，区役所，医療施設，看護団体，ソーシャルワーカー，商業施設の防災担当，地元町会，商店街幹部，地域で活動するNPOや企業関係者），及び都市防災研究者2名，ファシリテーター3名による「原宿表参道BOSAI図上演習（ワークショップ）」を開催した。

　当日は2時間半のプログラムで，原宿・表参道で懸念される事項の洗い出し，懸念される事項への対応イメージ，地域での具体的なアクティビティのアイデア出し，を行った。

　懸念される事項としてあげられたことは，①建物倒壊や落下物等による死傷者，②エレベータ停止と閉じ込め，③火災延焼，さらに，④電気，ガス，水道，通信等のライフラインの停止，⑤交通機関運行停止や道路交通規制，⑥小売業の営業停止，⑦病院の外来受付困難といった都市サービスの停止などであり，そのような中，⑧来街者の帰宅行動，⑨住民の避難行動が行われることになる。

　地域の主な直後対応としては，①けが人対応，②救助活動，③消火活動，⑤交通整理，⑧帰宅困難者対応，⑨避難者の収容と避難者へのサービス，といったことが挙げられた。

　筆者らによる地区の約200の建物の外観目視調査と不動産情報検索によると，約3～4割の建物が1970年代以前に建てられている（図5.6）。1964年東京オ

図5.5　原宿・表参道BOSAIワークショップの参加者及び当日の様子

リンピックの時期に開発が進んだエリアであり，老朽化した非木造の建物が多く，想定外の被害が出るリスクが指摘できる。

都心商業集積地の中心課題：来街者（滞留者）対応

　総務省JSTATMAPを用いて，原宿駅から表参道にかけて相当する神宮前1丁目から6丁目の統計情報を調べると，人口総数1万1549人（平成22年国勢調査）に対して，従業者総数は25万9614人（平成24年経済センサス）となっている。内閣府RESASで，概ね地区が対応する16のメッシュを選び，流動人口データを見ると，2015年12月平日は18時に最大約26万人，2015年12月休日は16時に最大約24万人，いずれも1～3時が最小で約2万人程度であった。1～2万人の住民に対して，最大で約25万人の来街者があり，その対応が中心的な課題と考えられる。

図5.6　原宿・表参道地域の建物外観目視調査（2016夏）

来街者には，仕事で来ている人と買い物等で来ている人がいる。平日は仕事で来ている人が多く，休日は買い物等で来ている人が多いものと考えられる。いずれの来街者も，本人の安全，家族の安否や帰宅，会社や仕事のことを優先し，地区における生き埋めや閉じ込めの救助，怪我の応急対応や病院搬送，消火活動や避難誘導を担うことは想定されていないし，能力的にも難しいものと考えられる。

大都市大震災時には，消防や警察もマンパワーが不足することから，自主防災組織などの防災組織による対応能力が重要となる。オフィスや商業施設では，退避スペースや避難情報・水や食事・トイレの提供といった滞留者対応の可能性があるものの，区による帰宅困難者支援（受入）施設以外での対応準備の現状は不明である。

担い手の不在と地域特性に応じた活動の模索

地区で最大25万人という膨大な来街者への対応は，限られた公助による対応や，地域住民による自主防災組織では，限界があろう。都心部における共助の担い手が必要である。地区の商店街や事業所，自治会や行政，および支援専門家による連携と具体的な準備や訓練等が求められるところであるが，2016年時点で地域の連携が未だ不十分であることが，ワークショップで議論された。

そこで，専門家より，地区防災計画策定や，地区災害対策本部の検討といった取組イメージも出され，その重要性が確認されつつも，地区で活動するNPOや企業の方たちからは，原宿・表参道らしいユニークでクリエイティブな防災活動のアイデアが複数出された。当日，今後の活動について「すぐに出来ないことをやろうとしても難しいから，まずは今のリソースで出来ることを始めてはどうか」といった主旨の締めくくりがあり，参加者の多くが賛同し，小さくても良いから何か具体的な活動を，という機運が醸成された。

その後，商店街幹部と「今あるリソース」を見直していくと，商店街ではイベントごとに地区の店舗などの情報を載せたイラストマップを印刷配布しており，この活動の一部を来街者向けの防災情報提供として転用してはどうかという意見を得た。当日参加していたマンガ制作会社の協力を得て，外国人観光客を含めた来街者向けの防災情報をわかりやすくコンパクトにまとめたマンガマップの作成配布という提案として具体化された。2017年4月には，作成した

マンガマップが 4 万部印刷され，街の観光案内所や商店街施設で実際に配布された[9]。

・BOSAI MANGA MAP の制作

原宿表参道には多くの訪日観光客が訪れており，そもそも地震へのイメージがほとんど無いような方も少なくない。日本の代表的なコンテンツの 1 つであるマンガを用いて地震時の行動を説明することで，気軽に多くの人に手にとってもらうことを狙った。

想定される帰宅困難者数に対して，**帰宅困難者支援（受入）施設**で受け入れることのできる人数にも限りがあり，大半の帰宅困難者は施設外で留まることになる。そのことのイメージや，互いに席を譲るなどして助け合うことなど，これまでのフィールドワークやワークショップの内容も踏まえながら，マンガの内容を決定した。区の防災ポータルサイト（http://bosai.city.shibuya.tokyo.jp）は，多言語で構築されており，帰宅困難者支援（受入）施設の開設や満員などの情報がマップとともにリアルタイムで表示されるものとなっている。同サイトの QR コードを掲載しその誘導を意図した（図 5.7）。

小学校体育館等の避難所は地域住民のための施設であり，数的に来街者の受入に耐えられるものではないから MAP から除外した。区では帰宅困難者支援（受入）施設の協定締結を進めており，その場所を MAP に示した（図 5.8）。

マンガという形態により，街へ遊びに来る中高生をはじめ幅広い世代にも手に取りやすく興味を持ってもらうこと，さらには地域での議論や滞留者対応のきっかけとなることを狙った。当該地区では，2018 年度より防災対策の協議会が設置され，取組の進展が期待される。

---

[9] 2017 年 4 月 29 日の NHK ニュースで「外国人向けの防災マップ配布」として放映された。

5.2 帰宅困難者問題のワークショップとデザイン

図 5.7　原宿・表参道・竹下 BOSAI MANGA MAP（表面）

第 5 章　被害想定の情報と政策

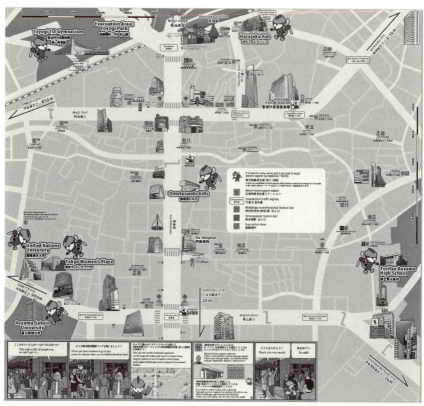

図 5.8　原宿・表参道・竹下 BOSAI MANGA MAP（裏面）

5.3 仮設住宅不足のデータ分析と事業提案

ここまで，想定首都直下地震の被害想定を紹介し，危惧されている帰宅困難問題へのワークショップやコンテンツデザインの事例を紹介した。帰宅困難や避難所の問題は，災害後に大きくクローズアップされる問題ではあるが，交通機関やライフラインの復旧に伴い，数日から数週間程度で解消に向かっていくこととなる。

しかしながら，予想されている災害により住宅を失う大勢の人は，交通機関やライフラインが復旧した後も，長い仮住まいを余儀なくされることになり，そのような中長期的な課題についても事前検討の余地がある。本章では佐藤（2017）を要約して若干の加筆を行ない，想定首都直下地震後の仮住まいの問題について紹介していく。

仮住まい広域化の可能性

・検討の背景

東日本大震災から1年強が経過した2012年8月，内閣府より南海トラフの巨大地震に関する津波高や浸水域の被害想定が公表され，さらに1年強が経過した2013年12月，首都直下地震の被害想定が更新公表された。いずれも東日本大震災を凌駕する膨大な住宅喪失世帯発生のリスクを指摘しており，事前の被害軽減の取り組みが求められると同時に，事後早急に対応が求められる仮住まいの準備も喫緊の課題となっている。

2016年4月に発生した熊本地震で最も住家被害が多い熊本市について見ると，約6千世帯の住家全壊，約4万7千世帯の住家半壊が発生し，2017年1月時点で，プレハブ仮設住宅へ約5百戸，民間賃貸住宅へ約8千戸，公営住宅等へ約8百戸が入居している。「借上仮設住宅」については，半壊世帯も対象としていること，損害に対する補修費を補助して仮設住宅として提供していること，要配慮者に対し個別訪問等を行ない市営住宅のマッチング提供等を行ったこと，など柔軟な運用や工夫が進められている。

発生が危惧される想定首都直下地震では，最大61万棟の住家全壊が見込ま

れており，内閣府の大規模災害時における被災者の住まいの確保策に関する検討会（以降，内閣府検討会）によると，応急仮設住宅想定必要戸数は94万戸とされている。膨大な瓦礫置き場の確保によりプレハブ仮設建設用地が不足したり，賃貸空家にも地震被害が発生することが予想され，さらには家賃条件を考慮すれば利用可能な賃貸空家のすべてが借上仮設の対象ではないことから，広域的な移住を余儀なくされる事態が憂慮される。課題出しのための暫定的で簡便な試算ではあるが，仮住まいの需要数は不確定的なものであり，情報のバリエーションや解像度に課題があるものと見受けられる。

　以上の問題を背景に，佐藤（2017）では，佐藤・翠川（2007）の方法を調整して，2012年の内閣府による首都直下地震の被害想定や，2013年住宅・土地統計調査及び大量のWEB賃貸住宅情報などを用いた独自の詳細な計算結果を基に，想定首都直下地震後の仮住まい広域化の可能性を吟味し，制度や現実的な対応について考察した。

表5.3　内閣府検討会による首都直下地震の試算結果

都道府県	全半壊戸数[*1]	応急仮設住宅想定必要数[*2]	可能な限り賃貸用の空き家で対応した場合の戸数[*3]	応急仮設住宅必要戸数
茨城県	12,512	3,754	3,754	0
埼玉県	367,046	110,114	110,114	0
千葉県	231,577	69,473	69,473	0
東京都	1,890,167	567,050	489,600	77,450
神奈川県	643,021	192,906	192,906	0
計	3,144,323	943,297	865,847	77,450

[*1]　総務省固定資産税概要調書（H26.1）および住宅・土地統計（H25）を基に棟数から戸数に変換
[*2]　国土交通省「応急仮設住宅建設必携中間とりまとめ」を基に，全半壊戸数の3割と想定
[*3]　総務省「平成25年住宅・土地統計調査」（腐朽・破損なしの戸数）
［内閣府検討会第1回資料1　6-7pを筆者が要約して作成］

5.3 仮設住宅不足のデータ分析と事業提案

• 住宅喪失世帯数の定義

　内閣府検討会では，国土交通省住宅局住宅生産課による「応急仮設住宅建設必携中間取りまとめ」を基に，全半壊戸数の3割を応急仮設住宅の需要として推計している。同取りまとめの「2.1 被害想定に基づく応急仮設住宅の必要戸数の想定等」を見ると，次の3つの推計方法が記されている。
・推計方法1　住家被害（全壊・半壊戸数）の2～3割
・推計方法2　避難所アンケート
・推計方法3　事前アンケート

　推計方法2は阪神・淡路大震災時に行われた避難所ヒアリング調査を，推計方法3は総務省消防庁による東海地震に関する事前の市民アンケート調査を紹介したものである。推計方法2は実際に災害が発生しないとできず，推計方法3は別にアンケート調査を実施する必要があるもので，推計方法1が事前に行える簡便な方法となる。

　推計方法1は，既往災害での「住家被害と応急仮設住宅供給戸数の整理」を根拠としているが，割合を求める際に，棟数や戸数が混在していたり，条件の異なる岩手県，宮城県，福島県をまとめて計算したりしており，独自に調整した表5.4を作成した。

　住宅に対応する世帯数ベースで見ると，阪神・淡路大震災や新潟県中越地震は借上仮設が非常に少なかったが，東日本大震災以降，本格化したことがわかる。

　東日本大震災でも県により傾向はまったく異なり，地方沿岸部の岩手県被災地では建設仮設が中心でほぼ全壊戸数分の応急住宅供給をしたのに対して，都市部を含む宮城県では全壊戸数が多く半数程度の対応となり，借上仮設が中心である。熊本地震は相対的に少ない全壊戸数より多くの応急住宅対応をしており，借上仮設が中心である。

　東日本大震災時の岩手県・宮城県および熊本地震時の応急住宅対応の全半壊比率を求めると，38.5％と3割を超過しており，全半壊戸数の2～3割と見積もることは適当ではない恐れがある。同じく全壊比率を求めると95.6％となる。全壊世帯数を応急住宅対策需要量と見積もることも可能であり，本稿では住宅喪失世帯と定義する。全壊世帯のうち自力で再建・購入したり遠方へ移住した

85

第 5 章　被害想定の情報と政策

表 5.4　過去の地震災害における住宅被害と応急住宅対応量の関係

	住宅被害				応急住宅対応				全壊比率 (C/A)	全半壊比率 (C/(A+B))
	全壊		半壊		公営住宅等	建設仮設住宅	借上仮設住宅	合計 (C)		
	棟数	世帯数(戸数)(A)*1	棟数	世帯数(戸数)(B)*1						
阪神・淡路大震災 (兵庫県*2)	104,004	182,751	136,952	256,857	11,689	48,300	139	60,128	32.9%	13.7%
新潟県中越地震 (新潟県*3)	3,175	3,139	13,810	14,089	190	3,460	174	3,824	121.8%	22.2%
東日本大震災 (岩手県*4)	19,507	18,370	6,570	6,502	1,065	13,984	3,474	18,523	100.8%	74.5%
東日本大震災 (宮城県*5)	83,000	85,414	155,129	152,527	1,114	22,095	26,050	49,259	57.7%	20.7%
東日本大震災 (福島県*6)	15,218	21,116	80,628	72,544	411	16,800	23,809	41,020	194.3%	43.8%
熊本地震 (熊本県*7)	8,640	12,502	33,623	66,458	1,826	4,303	9,913	16,042	128.3%	20.3%
平均（東日本大震災岩手県・宮城県及び熊本地震）									95.6%	38.5%

*1 東日本大震災は戸数，それ以外は世帯数
*2 住宅被害：兵庫県 HP（https://web.pref.hyogo.lg.jp/kk42/pa20_000000015.html）より．応急住宅対策：国土交通省（2012）「応急仮設住宅建設必携　中間とりまとめ」及び高田光雄（2005）「住宅復興における取り組み」阪神・淡路大震災復興 10 年総括検証・提言報告第 3 編より
*3 住宅被害：新潟県 HP（http://www.pref.niigata.lg.jp/HTML_Article/174saisyuhou.pdf）より．応急住宅対策：国土交通省（2012）「応急仮設住宅建設必携中間とりまとめ」及び新潟県 HP（http://www.pref.niigata.lg.jp/jutaku/ohkyu_index2.html）より．
*4 住宅被害：消防庁「平成 23 年（2011 年）東北地方太平洋沖地震（東日本大震災）について（第 155 報）」及び岩手県 HP（http://www2.pref.iwate.jp/~bousai/kirokushi/021_060_02chapter.pdf）より．応急住宅対策：岩手県 HP（http://www.pref.iwate.jp/dbps_data/_material_/_files/000/000/023/870/23suii.pdf）より．
*5 住宅被害：消防庁「平成 23 年（2011 年）東北地方太平洋沖地震（東日本大震災）について（第 155 報）」及び岩手県 HP（http://www2.pref.iwate.jp/~bousai/kirokushi/021_060_02chapter.pdf）より．応急住宅対策：宮城県 HP（http://www.pref.miyagi.jp/uploaded/attachment/204099.pdf）より．
*6 住宅被害：消防庁「平成 23 年（2011 年）東北地方太平洋沖地震（東日本大震災）について（第 155 報）」及び岩手県 HP（http://www2.pref.iwate.jp/~bousai/kirokushi/021_060_02chapter.pdf）より．応急住宅対策：福島県 HP（https://www.pref.fukushima.lg.jp/sec/41065d/nyuukyojoukyou.html）より，公営・借上仮設は 2012 年 4 月時点，建設仮設は完成戸数．
*7 住宅被害：熊本県危機管理防災課「平成 28 年熊本地震等に係る被害状況について（第 234 報）」より．応急住宅対策：内閣府（防災）熊本地震を踏まえた応急対策・生活支援策検討ワーキンググループ資料（http://www.bousai.go.jp/updates/h280414jishin/h28kumamoto/pdf/h280929shiryo03.pdf）より．

りするなど仮住まいを必要としない世帯も想定されるが，半壊世帯でも事情により仮住まいを希望する世帯も想定され，その比率は不確定的であり，本稿ではそれらを相殺するものとする．

・計算方法

図5.9に住宅喪失世帯，賃貸空家の被害等の算定手順を示す．通常，地震被害想定は，メッシュ単位で行われるが，住宅・土地統計調査における空家数は，市区町村単位である．空家データをメッシュ単位で整備するのは困難なので，計算は市区町村単位で行う．また，火災被害が不確定的で値も大きいため，最小ケースとして夏昼風速3 m/s，中間ケースとして冬夕風速3 m/s，最大ケースとして冬夕風速8 m/sの3通りについて計算を行うこととした．分析対象は，東京都，神奈川県，埼玉県，千葉県，茨城県とした．

計算過程の詳細は，佐藤（2017）に記載されているので割愛する．最終的に，利用可能な賃貸空家数と仮設住宅建設可能量の和から，住宅喪失世帯数を差し引いた値を応急住宅過不足数とする．市区町村内で賃貸空家と仮設住宅建設可能量が住宅喪失世帯数を上回ればプラス，下回ればマイナスとなる．マイナスの場合，市区町村内に応急住宅が足りず，すぐに新しい住宅を建設することも難しいため，一時的に応急住宅が余っているプラスの地区へ移る必要が出てくる．

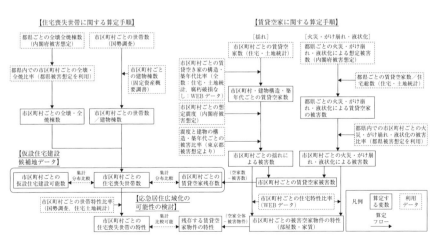

図5.9 住宅喪失世帯・賃貸空家の地震被害・仮設用地データの算定比較手順

• 計算結果

　応急住宅過不足数を都県単位（東京は区部と多摩に分割）で集計し，特別区や一部の政令指定都市の計算結果も加えて，表5.5とした．火災被害が少ない**夏昼時の風速3m/s**の条件でも，東京都（区部）で応急住宅が**約4万戸不足**すると算定された．東京都（多摩）で約14万戸余裕があり，区外へ移り仮住まいすることが考えられる．区部全体で集計すると4万世帯のマイナスに留まるが，区ごとに見ると東部（墨田区で-3.0万，足立区で-2.3万等）を中心に12の区で約13万戸の応急住宅が不足することがわかる．相当数の区を跨いだ応急居住が必要になるものと考えられる．

　火災被害が増える**冬夕方時の風速3m/s**の条件では，東京都（区部）で応急住宅が大幅に**約46万戸不足**すると算定された．周辺4県で約60万戸の余裕があり，都県を跨いだ大量の仮住まいが発生するものと考えられる．区ごとに見ると，火災被害の影響により西部（杉並区で-4.9万，世田谷区で-4.5万等）でもマイナスが増え，15の区で約50万戸の応急住宅が不足することがわかる．

　火災被害が最大となる**冬夕方時の風速8m/s**の条件では，東京都（区部）で応急住宅が**約64万戸不足**すると算定された．周辺4県の余裕分を差し引いても，約22万戸不足するという状態で，東京近郊では収まらず，圏域を跨いだ大量の仮住まいのための移住が想定される状況である．

　冬夕時の風速3m/s条件時の利用可能な賃貸物件の間取りと家賃を求め，都県単位（東京は区部と多摩に分割）で集計した結果を図5.10に示す．1Rや1K等1室程度のものが半数程度を占めること，家賃7万5千円以下という東京都が東日本大震災時に都内に避難してきた被災者に示した条件は，都区部内で1/4程度だが，多摩や他県では半数以上を占める．同条件で世帯構成員数が5名以上の場合の家賃10万円という基準の場合，都区部内でも半数程度，多摩や他県では大半の物件が利用可能となる，という結果となった．上限家賃以下の賃貸物件を仮設住宅と見なして被災者に提供する方式の場合，家賃の安い郊外部への移住を促すという影響が出るものと考えられる．

表5.5　計算結果

都道府県	特別区や政令指定都市（一部）	夏昼3m/sの場合			過不足数		
		住宅喪失世帯数	賃貸住宅空き家数	仮設住宅建設可能戸数	夏昼風3m/s	冬夕風3m/s	冬夕風8m/s
茨城県		800	79,000	18,900	97,100	97,100	97,100
埼玉県		46,900	168,800	32,600	154,600	85,600	35,700
	さいたま市	3,100	30,900	2,700	30,500	25,500	21,600
	その他	43,800	138,000	29,900	124,100	60,100	14,200
千葉県		27,700	157,700	45,700	175,700	154,100	130,300
	千葉市	6,900	27,700	5,900	26,700	22,400	19,400
	その他	20,800	130,000	39,800	149,000	131,700	110,900
東京都（区部）		414,000	336,200	38,700	−39,100	−460,000	−638,800
	（プラス分）	−	−	−	88,700	54,600	44,100
	（マイナス分）	−	−	−	−127,900	−514,600	−682,900
	千代田区	2,200	2,700	0	600	400	100
	中央区	5,200	5,300	400	600	100	−800
	港区	5,700	9,200	300	3,700	2,800	1,700
	新宿区	11,500	16,900	800	6,300	1,600	−1,300
	文京区	10,600	6,700	300	−3,700	−9,800	−12,700
	台東区	20,700	5,900	400	−14,400	−19,500	−23,900
	墨田区	38,300	7,800	500	−30,000	−45,000	−54,200
	江東区	22,500	12,700	500	−9,300	−18,600	−24,000
	品川区	21,700	15,000	900	−5,700	−59,600	−73,800
	目黒区	13,400	9,000	600	−3,800	−28,500	−36,000
	大田区	41,500	36,900	3,900	−800	−77,800	−106,000
	世田谷区	22,700	24,800	2,900	5,000	−45,100	−66,300
	渋谷区	10,000	10,300	1,600	1,900	−4,800	−7,800
	中野区	9,200	19,500	400	10,700	−6,600	−12,100
	杉並区	25,900	21,000	4,100	−800	−49,900	−63,800
	豊島区	5,800	20,300	300	14,900	12,200	10,600
	北区	7,900	12,300	1,300	5,600	4,100	2,500
	荒川区	20,400	6,300	300	−13,800	−28,600	−34,900
	板橋区	5,300	20,000	900	15,600	14,300	13,100
	練馬区	8,700	21,200	11,400	23,900	19,000	16,100
	足立区	41,000	16,400	1,200	−23,300	−54,400	−67,700
	葛飾区	27,900	15,200	1,300	−11,500	−31,000	−44,600
	江戸川区	35,800	20,800	4,200	−10,900	−35,500	−52,800
東京都（多摩）		12,600	139,700	14,900	142,100	134,000	129,800
神奈川県		88,100	245,400	71,500	228,800	126,700	27,000
	川崎市	41,100	48,000	9,500	16,500	−27,900	−72,800
	横浜市	29,200	90,800	14,100	75,700	35,800	−400
	その他	17,800	106,500	47,900	136,600	118,900	100,300
合計		590,100	1,126,900	222,300	759,100	137,700	−218,700

第 5 章　被害想定の情報と政策

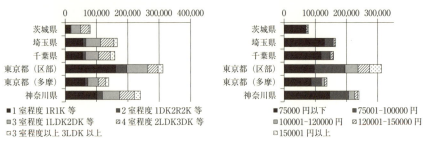

図 5.10　利用可能な賃貸空家の特性（右：間取り，左：家賃）（冬夕風 3 m/s）

政策的検討と事業提案

　内閣府検討会で出された論点整理【概要版】では，応急段階において，既存ストックの有効活用・民間団体との連携の必要性，応急建設住宅の迅速な供給等のための準備の必要性，広域避難発生時の被災者の住まいの確保の必要性などを挙げており，今後，対策主体となる都県や市区町村自治体の取組みが期待されるところである。

　今後，実際の対応準備を進めるには，不動産業界や建築業界との連携強化に加えて，都県や市区町村で実際に対応にあたる担当者や地域住民らとともに，想定される状況への対応を話し合い，具体的な準備につなげるボトムアップのアプローチの蓄積が求められよう。

　筆者は，2017 年 1 月から 2 月にかけて，本稿の算定で仮住まいが不足するという結果となった 2 つの区の住民に，区レベルの算定結果の一部を提示し意見交換する機会に参加した。普段から地域のまちづくり活動に参加していて防災にも意欲的な傾向の参加者が多かったことも要因と考えられるが，直後や避難の問題ではなく，中長期的な仮住まいの問題についても意見交換が十分になされ，借上仮設住宅の家賃上限への疑問や，地域に留まるための自力仮設への意向などが聞かれ，制度や政策につながる議論が生じることを確認できた。民間賃貸への家賃補助や応急修理制度の拡充，本設住宅にも転用可能なグレードの仮設住宅の建設とその払い下げなど，期待される政策について，有識者の見解や業界団体の声に加えて，地域住民や現場自治体の意向や事情を踏まえて，協創的に練り上げていくことが期待される。仮住まいの対応は震災直後から開

始するもので，事前の検討や準備が不可欠であろう。

東京都では，2018年に，都内大学研究者から，研究成果・研究課題等を踏まえた事業提案を募集し，研究者・大学と連携・協働して事業を創出する新たな仕組みを導入した。上述の研究成果を踏まえて，図 5.11 に示すような事業提案を行なった。

首都直下地震時の大幅な仮設住宅の不足という問題は，避難生活の長期化，基礎自治体を超えた広域な移住などをもたらす可能性が高く，多くの都民の生活や行政運営に影響を及ぼす公共性の高い問題である。

国や都の被害想定は，プレハブ仮設住宅の建設や借上仮設住宅の提供可能量を凌駕するものであり，都民や事業所などの被害軽減や事後対応の工夫が不可欠と考えられる。

提案事業では，都民や事業者，専門家らとともにこの問題への具体的な対応

図 5.11　提案概要図[10]

---

[10] 図中の 92 万戸不足という数値は，表 5.5 に示した計算の後に，半壊世帯も含めた想定のアンケート調査を行い，その意向を掛け合わせて得たものである。

策を考えていく。そして，仮設住宅が不足する場合の都民の対応策についてのリーフレットを作成して配布する。このリーフレットは，被災時に避難所等でも配布可能なものである。また，都が事前に準備できる事業を具体的に提案することで，担当者が限られた公助をより効果的に機能させるための工夫（現時点で多層化，敷地工面，建設方法，借上の方法などを想定）の検討を促すことができ，災害復興マニュアルや地域防災計画の改訂等に利用できる。

原宿表参道地域で，防災ワークショップを実施して，ワークショップ内での議論を活かして，外国人観光客向けのリーフレットを制作し，実際に印刷，配布したプロセスを，仮設住宅不足問題にも応用させて考えたものである。

関連質問──考えを深めるために

本章では，想定首都直下地震の被害想定，帰宅困難，仮設住宅を対象に，政策情報的アプローチ（データ分析，ワークショップ，コンテンツデザイン，政策提言）を紹介した。災害の種類は，地震に限らず，津波や原発事故，水害や火山噴火，テロや戦争など多様であるし，それに対する問題も，帰宅困難や仮設住宅に限らず，津波避難や情報伝達，地域防災や防災教育など多岐にわたる。報道や個人的な経験などを振り返りながら，あなたが気になる災害の種類や課題を1つピックアップして，どのように大学での学びや取り組みに繋げられそうか，考えてみてください。

リーディングガイド

◆ 東京都（2015）『東京防災』，東京都ホームページより閲覧可能
◆ 片田敏孝（2012）『人が死なない防災』，集英社

第2部
各 論

　第2部は，大学学部上級生向けに書かれたもので，前半は，政策科学の基礎と関連話題，後半は，政策リサーチの概要と大学院研究計画書のケーススタディという内容である。学部生の指導やサポートをしている方や，社会人大学院を検討している方にとっても参考にしてもらえることを目指したものである。
　初学者にとって，政策科学は，ものの見方や扱うテーマが広範にわたり，記述が腑に落ちるまでに時間がかかるものと思われる。かくいう筆者も，当初は文字面追えども理解が追いつかず，これは不毛な内容のものなのではないかと考えがよぎったたことが思い出される。何度も読んだり話をしたりしているうちに，読み飛ばしていた箇所の意味がわかってきたり，現実の問題とのつながりが見えてきたりと，気づいたらすっかり政策科学の魅力にはまってしまった。個別の記述がつなぎ合わされ，実感を持って理解できた時，政策リサーチの面白さに気づかれることであろう。

第6章
政策科学の生成

　第2部前半で紹介していく『政策科学入門』を著した宮川公男氏は，意思決定論，統計学，経営工学，経営情報システム，経営学，公共政策，ソーシャル・キャピタルなど分野横断的に膨大な著作や訳書を残している稀有な学者である。昭和6（1931）年に生まれ，昭和28（1953）年に一橋大学経済学部を卒業し，一橋大学商学部で長く教職を勤め多くの著名な研究者や政財界のリーダーを育てる傍ら，経済企画庁システム分析調査室室長，統計研究会理事長等を歴任した。

　『政策科学入門』第2版は，2002年に刊行されたもので，すでにかなりの年数が経過した書籍となるが，主に1950～80年代のアメリカの政策関連の膨大な文献サーベイから，政策科学の枠組みを書き出したもので，国内の政策分野で，重要なテキストの1つである。本章では，『政策科学入門』を紐解きながら，関連した情報を加えていき，政策科学の成り立ちや定義を見ていく。

6.1　政策志向の生成

科学と政策

　アイザック・ニュートン（Sir Isaac Newton, 1642～1727）による運動の法則，万有引力の法則，微分積分法の発明に遡ることができる近代自然科学は，社会思想や政治にも大きな影響を及ぼした。それまでの権威や伝統による支配の世界から，理性による統治を志向する**啓蒙主義**へと向かっていった。18世紀末には，ブルボン朝のフランス国王・ルイ16世が処刑され，新しい共和制を打ち立てる**フランス革命**が起こっている。同時期に，製鉄業の成長や蒸気機関の開発などに代表される**産業革命**が起こり，それまでの農業を中心とした社会は大きく変化した。

工業化や都市化が進展するに伴い，居住環境の悪化，貧困といった社会問題も深刻化し，対応策の検討や実施を志向した調査や分析がなされた。例えば，1889年から1903年にかけて出版されたチャールス・ブース（Charles Booth, 1840-1916）の『ロンドンの民衆の生活と労働』は，多数の人々について大量の実証的データを含んだものであった[1]し，1899年に刊行されたW. E. B. デュボイス（W. E. B. Du Bois, 1868-1963）『フィラデルフィアの黒人』も，それぞれ30前後の調査項目をもつ6種類の調査票（家族，個人，家屋，街路，制度など）を使ってなされた実証的な研究書であった[2]。

19世紀後半から20世紀前半に活躍したマックス・ウェーバー（Max Weber, 1864-1920）による経験的知識と価値判断の峻別の議論に代表されるような「客観的知識の生産手段」としての科学という考え方の強まりに応じて，社会科学の専門分野の分化と，専門職業化が進んできた。法学，政治学，経済学，社会学といった学問分野は，さらに細分化して，民事法学，国際関係論，労働経済学，福祉社会学のような個別分野が，学術活動の単位となることが多い。

現代の社会科学の目的として，現実社会の課題を解決するための情報生産や実践的活動とすることが語られつつ，多くのアカデミックポストで細分化された専門知識への貢献（学術志向）が求められる。

そのような社会科学のあり方を問い直し，専門分野への貢献にとどまらず，現実の社会問題を直視して，領域横断的で実践的なアプローチを志向するという主張や動き（**政策志向**）が，国内外で，小さな波のように繰り返されてきた。

アメリカの政策志向

16世紀あたりから西欧諸国の植民地として開拓が進められたアメリカでは，18世紀後半に独立戦争が起こり，近代国家が建設された。広大な未開の大陸を切り拓き，南北戦争や西部開拓を経て領土を拡大した。19世紀後半から20

---

[1] 「貧困」「職業」「宗教的影響」の3部からなる書物で，社会調査の先駆的業績として高く評価され，シカゴ学派（20世紀前半からシカゴ大学社会学部を拠点として活躍している都市社会学の研究グループ）などに多大な影響を与えたとされる。
[2] 辻正二（1992）より。デュボアは社会学研究者から，黒人解放の指導者として活躍していき，全米黒人地位向上協会の創立者となる。

世紀初頭にかけては，フォード（自動車）やスタンダード・オイル（石油），USスチール（製鉄）など巨大な資本主義企業が次々と出現し，国際的な経済力を確立した。「**進歩主義**」(progressivism) と呼ばれるこの時代には，機械技術を導入し，生産を科学的に管理して効率性を追求する方式が進化し，莫大な富をもたらした。科学的管理は，企業システムだけではなく，政治システムにおいても有効であると考えられ，政府部門における科学的管理の積極的な導入の素地となった。

1929年から始まった世界大恐慌[3]に対して，ルーズベルト大統領は，**ニューディール政策**と呼ばれる一連の積極的な政府介入事業を行った。全国産業復興法（NIRA；National Industrial Recovery Act）による労働時間の短縮や最低賃金の確保，農業調整法（AAA；Agricultural Adjustment Act）による農業生産の制限や過剰生産物の政府買い上げ，テネシー川流域開発公社（TVA；Tennessee Valley Authority）による公共事業などが進められた。公共工事局（PWA；Public Works Administration），公共事業促進局（WPA；Works Progress Administration），連邦住宅局（FHA；Federal Housing Administration）など「アルファベット・エージェンシーズ」と表現されるほど数多くの政府機関が新設され，多数の社会科学者が配属されたそうである。

その後，第二次世界大戦（1939-1945）が勃発し，さらに科学者の活躍が進んだ。特に，産軍複合体による技術開発や，数理科学的な作戦研究（オペレーションズ・リサーチ，OR；Operations Research）が進み，産業や科学技術に大きく影響した。戦時中に大量の科学者が政府へ参加したことは，戦後の政策志向の大きな背景となった。

1960年の大統領選挙によって登場したケネディ大統領は，貧困，人種差別，失業，教育機会の不均等のなどの社会的問題を解決すべく，多くの政策を打ち出した。道半ばで暗殺されたケネディの後を継いだジョンソン大統領は，「偉

---

[3] 1929〜33年の間，世界中の資本主義諸国を襲った史上最大規模の恐慌。1929年10月，ウォール街の株式市場の暴落に端を発し，米国の株価は80％以上下落，工業生産は1/3以上低落，失業者数1200万人，失業率25％に及んだ。1929〜1932年の間に世界貿易は70.8％減少，失業者は5000万人に達するなど，全資本主義諸国に波及した（コトバンク https://kotobank.jp/ より）。

大な社会」プログラム（Great Society Program）を打ち出し，教育，住宅，保険，雇用など強力に政策を推進した。多くの社会科学者たちが積極的にプログラムに参加し，「活動家知識人の黄金時代」（例えば，T. H. White 1967）とも呼ばれたそうである。

　経済学や関連分野では，数量的分析方法やコンピュータの開発が進み始め，費用や便益，政策のインパクトの計測など，政策検討に有用な情報を提供することが可能になってきていた。諸大学では，公共政策や政策科学の教育，研究を目的とする大学院レベルのコースが拡大した。著名なハーバード大学の公共政策大学院は1936年の設立であるが，1966年にケネディの名を冠してケネディ・スクールと称し，世界中から学生を集めている。

　この時期に，企画計画予算制度（PPBS；Planning-Programming-Budgeting System）という大型コンピュータによる予算編成システムが連邦全省庁に導入されたが，定着せず，わずか数年で消えていった。必要なデータの収集や分析のための資金が不十分であったこと，便益や費用の測定のための十分なデータがなかったこと，政策分析のための専門的人材が不足していたこと，そもそも政府プログラムのもたらす社会的結果の多くは価値づけが困難であったことなど，実施の困難さが立ちはだかり，その後，合理的な政策を導き出す政策分析だけでなく，政策の実施や策定，評価などのプロセスに対する研究も盛んになっていく。

　アメリカには，政策立案・政策提言を主たる業務とするシンクタンクや，関連する公共政策大学院が多数ある。優秀な政策研究者は，シンクタンクや大学，政府組織を行き来しながら，研究や教育，政策実務に携わる機会を与えられている。研究者と政府スタッフの人材流動性は，政策科学と呼応した実践的なものと言え，その背景として，アメリカの開拓者精神や，実践経験を重視する**プラグマティズム**（実用主義）の存在を指摘できる。

▍日本の政策志向（江戸から戦前）

　日本では，アメリカのように，優秀な政策研究者が，シンクタンクや大学，政府組織を行き来しながら，実際の政策に貢献することは稀で，人材流動性は低いものと考えられる。しかしながら，わが国に政策志向の動きがなかったと

いうわけではなく，長い歴史の中で，確実に政策志向が育まれてきた。

江戸時代には，儒学，とりわけ**朱子学**という中国大陸からもたらされた学問が正学とされ，諸藩で学校が作られ学ばれていた。朱子学は，「理」と「気」，陰陽二気，水火木金木の五行といった要素から，自然や人間社会などを説明する理論体系で，中国では科挙という官僚登用試験に採用されて，国家教学とされていたものである。朱子学が支配的イデオロギーとなった宋代以降の中国では，硬直的で形式的な統治形態となっていき，社会の停滞や弱体化をもたらしたと言われている。

日本では，朱子学を批判して，独自の学問が展開していたことが，明治維新のきっかけとなり，西欧列強の植民地化されることなく近代を迎えることに寄与したとする指摘がある。中野剛志（2012）は，江戸時代の儒学者，伊藤仁斎，荻生徂徠，会沢正志斎と，明治初期の啓蒙思想家である福沢諭吉を並べて，その関連性を示している。

伊藤仁斎（1627〜1705）は，朱子学を批判的に捉え，壮大な理論体系よりも，直接自分の目で読んで考えたことを重視して，原典となる孔子の論語を直接読む**古学**を打ち立てた。人間や社会は「活物」，動態的に変化していくものであり，日常経験を重視していくという主張を展開したとされる。

荻生徂徠（1666〜1728）は，伊藤仁斎の古学を継承し，より実践的な政策論を展開した。後年は，将軍・徳川吉宗の信任を得て御用学者となり，**『政談』**という政策レポートを提出するなどした。当時，貨幣が不足しデフレ状態となり，武士階級の経済的没落が起こっていた。徂徠は，銅銭の供給拡大（貨幣供給の増加），都市に暮らす武士の土着（地方の領地へ戻ること，地方移住）といった具体的な政策を提言していたそうである。

会沢正志斎（1782〜1863）は，水戸藩の彰考館（修史局）や藩校で総裁や教授を務めた学者で，八代藩主・徳川斉脩に上呈した**『新論』**は，のちに書き写され，幕末尊王攘夷志士の間で読まれたことが知られている。『新論』には，「時勢の変」や「武士の土着」といった記載がある。「時勢の変」とは，「実質を伴った制度が，時代の変化とともに形骸化していくことであり，それに伴って人々の精神も弛緩し，堕落していくこと」である。「武士の土着」は，西欧列強が迫る時期における国防の観点からの主張であるが，徂徠とも共通する点

となる。水戸藩では，一般武士の土着は難航したが，農民有志を民兵化する政策が進み，のちに正志斎を訪ねてきた吉田松陰に影響を与え，奇兵隊につながったこと，そして倒幕運動や明治維新にまで辿っていけると指摘されている。

中野氏は，開明的な啓蒙思想家とされる福沢諭吉（1835～1901）が提唱した「人間普通日用に近き実学」が，仁斎から正志斎に至る「壮大な理論よりも日常経験を重視する」という江戸時代の思想からの連続していることを論じている。例えば，『文明論之概略』に「理論家の説＜ヒロソヒイ＞と政治家の事＜ポリチカルマタル＞とは大に区別あるものなり。後の学者，孔孟の道に由て政治の法を求る勿れ」という記述があるが，伊藤仁斎の朱子学批判や，人間や社会は「活物」という認識と通底するものと言えよう。

明治国家の体制が整えられていくなかで，明治14（1881）年，統計院が設けられ，その初代院長となった大隈重信（1838～1922）は，現在盛んに言われているEBPM（Evidence Based Policy Making）についてすでに語っている。

「社会の有様を静かに考えて見ますると総て此制度文物は余程複雑になる。先ず今日の世の中は法律の世の中になって夫から一方には議論の世の中になってなかなか帝国議会に於ては国務大臣政府委員と議員とが即ち議論する。議論で国政をやって行く。政治も社会も学術も悉く議論である。其議論の根拠には何を以てして行くかと云ふと是非一つの学理から拠る所のものがなければならぬ。或いは漠然たる理想，漠然たる想像是丈けでは一向議論の根拠が堅く無い。段々議論が進んで行くに隋って議論を決するものは一つの証拠である。…（中略）…此問題は何で決するか。ここに拠るべき統計が有るか無いかである。」（宮川 2002）

しかしながら，政策立案や評価に資する計量分析技法も計算機器も未整備な時代において，実証的な政策科学が展開することは困難であった。その後の社会科学は，社会主義や共産主義へ傾斜を強め，それに対する自由主義も反体制とされて，政府や軍部の弾圧対象となっていった。例えば，1938年から1943年にかけて東京帝国大学経済学部教授の河合栄治郎事件がある。河合の著書4冊[5]が発禁され，休職処分や，それに伴う抗議のために大量の辞職者が出るな

第 6 章　政策科学の生成

どした。

　他方，わが国でも第 2 次世界大戦直前に，一部の社会科学者が動員されて，戦争遂行能力の評価が行われていた。陸軍省戦争経済研究班（通称，秋丸機関）において，経済学者（有沢広巳，中山伊知郎など）が集められ，戦力調査が行われ，陸軍首脳への説明会が行われている。アメリカの生産能力の大きさが指摘されたり，英米のうち経済力の弱いイギリスに着目した戦略が示されたりした。当時の経済分析は，国民所得研究の結果の数値を利用した程度であったが，その過程でソ連の産業連関表を用いたアメリカ経済の分析に触れたことで，戦後の実証研究へと繋がったと回想されている[6]。

▌日本の政策志向（戦後から災後へ）

　戦後日本は，連合国軍による占領時代から，独立国家として一応の主権を回復し，高度経済成長の時代を迎える。官庁エコノミスト下村治の大蔵省部内資料「経済成長実現のために」が，岸内閣の大蔵大臣であった池田勇人の目に留まり，1960 年の池田内閣による「**所得倍増計画**」の理論的バックボーンとなったと言われる[7]。翌 1961 年から 10 年間の国民総生産を倍増させることを目標に掲げた長期経済計画であったが，その後の経済成長は計画を上回るスピードで進んだ。所得倍増計画の一環として，1962 年には**全国総合開発計画**（全総）が閣議決定され，太平洋ベルトへの工業地帯形成が進められていった。

　それに対して，1972 年に首相となった田中角栄は，国土の北部を工業地帯に，南部を農業地帯にすべきであるという工業再配置，都市過密問題解消のために交通や情報通信ネットワーク形成による地方分散といった主張をまとめた**『日本列島改造論』**を刊行し，政策の実現を狙った。ロッキード事件により失脚した後も，高速道路や新幹線整備など交通ネットワーク整備は，国土計画関連政策として継続されていった。

---

[5]　『ファッシズム批判』『時局と自由主義』『社会政策原理』『第二学生生活』の 4 冊。
[6]　牧野邦昭（2015）「陸軍秋丸機関による経済研究の結論」経済史学会第 79 回大会発表原稿（http://jshet.net/docs/conterence/79th/makino.pdf，最終閲覧：2018 年 11 月）より。
[7]　一橋大学経済研究所社会科学統計情報研究センターホームページ（http://rcisss.ier.hit-u.ac.jp/Japanese/guide/collections/shimomura.html，最終閲覧：2018 年 11 月）より。

1970 年代，アメリカやイギリスでは，雇用や賃金が停滞し，金利や物価が上昇するスタグフレーション（stagflation）と呼ばれる経済状態に苦慮し，政府支出を抑え市場経済を重視する新自由主義的な政策（規制緩和・民営化・競争促進等）がとられた。わが国では，国鉄（現 JR）日本電信電話公社（現 NTT）・日本専売公社（現 JT）を民営化するなどの提言を行った**第 2 臨調**（第 2 次臨時行政調査会）が象徴的に位置付けられているが，1980 年代以降，アメリカやイギリスと同様の基調の政策が中心となっていった。

2000 年代に入り，小泉内閣では，慶應義塾大学教授（当時）で経済政策の専門家であった竹中平蔵氏が経済財政担当大臣となり，経済財政諮問会議を中心に官邸主導の政策運営をリードした。同政権下で，労働者派遣法の規制緩和，道路公団や郵政の民営化，医療制度改革（患者の自己負担割合の増加）など，新自由主義的な政策が進められた。

2011 年に発生した東日本大震災や福島原発事故は，大きなショックとなり，災後日本を切り拓くような政策が期待されたが，大きな変化が見られなかったという指摘がある（例えば R. サミュエルズ 2016）。

これまでわが国の政府機関においては数多くの審議会，委員会や研究会が設けられ，多分野の専門家が参加している。上に見たように，政府の政策決定の中枢機関のメンバーへの学者の登用も行われている。政府諸省庁内にも政策志向の研究機関が多数設けられ，例えば，内閣府経済社会総合研究所，国立社会保障・人口問題研究所，財務省財務総合政策研究所，経済産業省経済産業研究所，国土交通政策研究所，文部科学省科学技術政策研究所などが挙げられる。国立国会図書館の調査および立法考査局も政策志向の高いレポートなどを多数刊行している。

1960〜70 年以降，民間にも政策問題を扱う**シンクタンク**が多数生まれてきた。代表的な民間シンクタンクとして，野村総合研究所，三菱総合研究所，三菱 UFJ リサーチ＆コンサルティング，日本総合研究所，ニッセイ基礎研究所，富士通総研などが挙げられる。独自に調査したり提言をしたり，政府組織から調査業務などを受託したり，膨大な政策関連の実務を担っている。

政策科学の教育と研究は，さまざまな学問領域が関係してくるため，専門領域別の大学学部構成の中において，その扱いは非主流的である。アメリカでは，

第 6 章　政策科学の生成

多くの大学が，主として大学院レベルの教育コースや研究機関を設けている。わが国では，埼玉大学政策科学研究科を母体にして独立大学院大学として設置された政策研究大学院大学をはじめ，大阪大学国際公共政策研究科，東京大学公共政策大学院などが設置されてきた。私立大学では，総合政策学部や政策科学部など学部レベルでも政策系学部が設置されており，民間企業就職者だけでなく，政策研究者や行政官の養成，NPOやソーシャルビジネスに携わる人材の育成に寄与している。

6.2　政策科学とは何か

　本節では，政策科学の必要性を訴え，その基礎を創り出した代表的な研究者であるラスウェルとドロアに関する宮川（2002）の紹介を中心に見ていき，その意味するところを書き出していく。

ラスウェルの政策科学

　ハロルド・ラスウェル（Harold Dwight Lasswell, 1902-1978）は，エール大学教授やアメリカ政治学会会長などを務めたアメリカを代表する政治学者である。フロイトの精神分析学の方法を用いて，政治行動（広報，権力，決定過程など）を実証的科学的に把握していくことを目指した。1950年代頃から，「社会における政策作成過程を解明し，政策問題についての合理的判断の作成に必要な資料を提供する科学」として，「政策科学（Policy Sciences）」を提唱し，1971年に『政策科学試論』（A Preview of Policy Sciences）を刊行した。

　『政策科学試論』では，政策科学について，公共的および市民的秩序の意思決定プロセスについての（of），およびそのプロセスにおける（in）知識という2つの知識があるという認識が打ち出された。「ofの知識」とは，政策が決定され実行されていくプロセスそのものに対する知識のことを指す。「inの知識」とは，その政策プロセスにおいて役に立つ情報のことを指す。ラスウェルによる定義の前半「社会における政策作成過程を解明し」は「ofの知識」（knowledge of policy process），後半「政策問題についての合理的判断の作成に必要な資料を提供する」は「inの知識」（knowledge in policy process）を

示すものと考えられる。

　政策内容についての専門的な知識は，政策科学の一要素であり，課題がどのように認識され，政策が立案され，決定されて実行されていくのか，さらに評価され改善されていくのか，という一連の政策プロセスを対象とすることが，政策科学の範囲として定義づけられる。さらに，「政策問題についての合理的判断の作成に必要な資料を提供する」という文面から，政策プロセスの理解のみならず，それも踏まえて実際の意思決定に資することを志向している実践的な性格を読み取ることができる。

　そして，政策科学が追及すべき特徴として，コンテクスト志向性（contextually），問題志向性（problem orientation），方法多様志向性（method diversity）を挙げている。表6.1に，宮川（2002）に示されるラスウェルの政策科学の3つの志向性について要約した。**コンテクスト志向性**は，ラスウェルがあげる現代科学のアプローチの欠陥「視野の断片化」（fragmentation）に対応して，それを克服しようとするものである。「全体的関連状況を視野に入れたアプローチ」として，アクター（行為者）間の相互作用および行為者と資源環境との間の相互作用が注目され，行為者の価値が社会的制度ないし慣行を利用して資源環境に働きかけるという社会プロセスのモデルを基礎としている。行為者の価値，社会的制度について表6.2に書き出したので参照されたい。人間の価値は多様であり，それに対応して多様な制度があり，それらが複雑に相互作用しながら，社会が構成されていることを前提として意識することで，「視野の断片化」を克服する方向性を得ることができよう。

　問題志向性は，現代科学の欠陥である「問題に対する盲目性」（problem-blindness）を克服しようとするものである。ラスウェルは問題解決に必要な5つの知的活動として，目標の明確化，歴史的傾向の叙述，状態の分析，将来の発展の予測，代替案の創案・評価および選択を示している。細分化された領域の専門家は，現実社会に発生している深刻な問題が専門領域外の場合，それと向き合うことは通常ありえない。政策科学的なアプローチの場合，テーマが専門外であっても，政策過程への知見や問題解決の方法論など，何か関係する知見や方法を提供できる可能性が出てくるため，「問題に対する盲目性」を乗り越えていく方向性が得られる。

表6.1　ラスウェルの政策科学の3つの志向性

志向性	対応する欠陥	概要	関連事項や方法など
コンテクスト志向性	視野の断片化	全体的関連状況を視野に入れる	多様な価値（権力，知識，富，福祉，技能，愛情，尊敬，公正等）
問題志向性	問題に対する盲目性	問題に盲目的ではないアプローチ	問題解決の5つの知的活動（目標の明確化，歴史的傾向の叙述，状態の分析，将来の発展の予測，代替案の創案，評価および選択）
方法多様志向性	単一方法	政策プロセスは複雑であり，学問的背景は多様であるから，用いられる方法も多様	問題の複雑性，コンテクスト志向性，問題志向性，将来方向性，創造性などに答える方法（コンテクストマッピング法，発展的構図，プロトタイプ法，コンピュータシミュレーション，参加者観察法）

表6.2　コンテクスト志向における価値の多様性と社会的制度

価値	例	社会的制度	出典
権力	出世，選挙における勝敗	官僚，政党	宮川（2002）
知識	科学的発見，ニュース	大学，研究所，メディア	〃
富	収入，資産	企業，貨幣，不動産	〃
技能	指導，訓練	学校，訓練施設	〃
愛情	親密，友情	家族，地域	〃
尊敬	名誉，差別的排除	表彰，社会階級	〃
公正	取引，取引	裁判所，法律	〃
快楽	嗜好品，性，薬物	企業，反社会的組織，警察取締	〃
文化	美術，芸術，デザイン	パトロン，美術学校，美術館	筆者
健康	運動，医療，介護	スポーツ，病院，福祉施設	〃

方法多様志向性は，現代科学の欠陥である「単一方法」(single-method) を克服しようとするものである。政策プロセスは複雑であり，学問的背景は多様であるから，用いられる方法も多様であるべきである。もちろん政策科学が目指すべきコンテクスト志向性，問題志向性に貢献しつつ，さらに将来志向性や創造性などにも答える方法であることが求められる。ラスウェルは具体的に，コンテクストマッピング法，発展的構造，プロトタイプ法，コンピュータシミュレーション，参加者観察法といった5つの方法を挙げている。

ドロアの政策科学

　イエヘッケル・ドロア (Yehezkel Dror, 1928-) は，イスラエルの国立ヘブライ大学の教授を長く務めた政治学者で，イスラエル政府の政策コンサルタントを務めたり，政策シンクタンク (Jewish People Policy Institute) を創立したりするなど，中東を代表する政策研究者である。1960年代後半にアメリカの政策シンクタンクであるランド・コーポレーションで過ごし，1971年に『政策科学のデザイン』(Design for Policy Sciences) を著した。

　ドロアは同書の冒頭で，政策に対する科学の貢献に見られる共通の弱点を列記しており，その幾つかを書き出すと次のようになる。
  ・ある専門的な認識方法に合致するように問題を狭く定式化する傾向がある。
  ・問題を分析する理論について，その有効性の限界にほとんど注意を払わず，専門化された学問から持ってくる傾向がある。
  ・政策問題の領域と1つの学問の有効性の範囲とが一致していない。
  ・科学者たちは，そのような政策決定への寄与という点での弱点に気づかない傾向がある。

　他方，「現代の諸科学は，天地万物に対するわれわれの理解の増大，人間の好奇心の充足，知的挑戦の提供および有益な技術の提供といった，政策決定の改善以外のさまざまな重要な機能を果たすという点では十分な力を持っている」ことを認め，政策科学については「社会の意識的な方向づけおよび変革のために，体系化された知識，構造化された合理性および組織化された創造性を役立てようとする新しい追加的なアプローチ」と定義づけている。

　そして，政策分析，メガポリシー，メタポリシー，実現戦略という政策科学

の次元を示している。**政策分析**は，特定の政策に対して，望ましい政策代替案を求めることを目的とした分析やその方法を指しているが，価値についての探求や政治的実行可能性といった幅広い定義を与えている。さらに，そのような特定の政策を束ねる次元を**メガポリシー**と呼び，「特定の政策がしたがうべき姿勢，過程および主要なガイドライン」と定義している。そして，特定の政策やメガポリシーを創り出す組織やシステムという次元を，**メタポリシー**と名付け，政策評価や創造性，政治家の能力開発，時事問題に関する学校教育のあり方，多様な政策研究機関の設立，社会実験の仕組みのようなイメージを例示している。加えて，「政策決定の実際の改良のための手段と方法」という次元を**実現戦略**と名付け，政策科学の重要な次元としている。具体的には，コミュニケーション，政策決定者の教育，間接的な衝撃（メディア等），タイミングといった要素を示している。

　ドロアは，政策科学の研究について，多くの学問分野にわたっていることと，現実の政策問題の複雑性から，学際的性格を持つことを記している。また，政策決定機関や大学以外に，独立した政策シンクタンクの必要性を訴えている。教育については，「市民が複雑な政策上の問題を理解し政策研究の成果を批判的に吟味する能力を十分に向上させなければ，市民の政策形成における役割は減少するか，あるいは劣悪な政策をもたらす結果となろう」として，将来の市民たる大学生に対して，政策科学の一部を含めて，社会問題およびそれを取り扱う方法の勉学にあてることが望ましいと記している。それから，政策研究者と職業専門家の養成を並行して進める政策科学の大学博士課程プログラムについて，具体的な提案を行っている。これらの当時の記述について，現代日本においても一定程度達成されたように見受けられるものの，さらなる質的向上や進化の余地があるものと考えられる。

　エピローグの記述は印象的で示唆に富む。ドロアは，政策科学が「好ましくない目標や恐ろしい目標をより効果的かつ効率的に実現するために，邪悪な目的に悪用される可能性」というリスクを記している。また，現実の社会問題は困難な問題を多く含んでおり，「政策科学がどれだけ貢献できるかということに関する期待は最小限にとどめる」という消極的な見方も提示している。その上で，「政策科学に関して低い水準の期待しか抱かないとしても，また，その

期待を実現する可能性は1割にも満たないとしても，成功した場合の効果は莫大なものであり，反対に成功しなかった場合の結果はあまりにも破局的である」と述べて，その意義を訴えている。

関連質問 ── 考えを深めるために

政策志向の研究機関，シンクタンクや政策系大学院などのホームページを検索し，興味がある政策レポートを探してみてください。どのような課題に着目し，どのような分析を行っているのか，そして，どのような政策提言を行っているのか，を書き出してみてください。同じ課題について，別の政策レポートを探してみて，その違いを比較してみてください。

リーディングガイド

- ◆宮川公男（2002）『政策科学入門』，東洋経済新報社（第1〜3章）
- ◆中野剛志（2012）『日本思想史新論』，ちくま新書

第7章
政策科学の基礎

　第6章で欧米やわが国における政策志向の歴史，ラスウェルやドロアの政策科学の定義を，宮川（2002）を基調としつつ，独自に情報を加えながら，記載してきた。本章では，政策科学の具体的な内容に入っていく。第6章までと同様のアプローチで，公共政策の基礎概念を書き出していく。

7.1　公共政策をめぐる基礎的概念

　「政策」とは，思想やイデオロギーといった概念理念的レベルのものを背景としながら，政党のマニュフェストのような複数の制度や事業を組み合わせた体系的なものから，個別的な法制度や公共事業，さらには基礎自治体における住民サービスまで多岐にわたる。「政策」とは一般に，公共的問題にかかわるものであり，そのことを明示的にして「公共政策」という用語が良く用いられる。公共政策は，現実の多様な社会問題を対象とするがゆえにその定義も一義に定まるものではなく，摑み難いものでもある。そこで，いくつかの基礎的な構成要素から具体的に見ていくことで，理解を進めていきたい．

基礎的な構成要素

　ここでは，構成要素として，「Why（なぜ？）」「Who（誰のために？）」「What（何を？）」「How（どのように？）」「When（時間）」の順番で解説をしていく。

・Why（なぜ？）

　公共政策とは，公共的問題を対象とする政策である。なぜ公共的問題を対象とした政策が必要になるのか？　を考える時に，ある活動が他の人々に与える何らかの影響（**外部効果**）という概念が有効である。公共的問題と対をなすの

は私的問題であるが，その区別は，外部効果の大小によってなされる。

例えば，交通量がほとんどない道路と線路が交差する場合と，交通量が非常に多い道路で線路と交差する場合では，外部効果の大きさが異なることがわかる。交通量が多い道路では，踏切によって通行が妨げられると，膨大な人の交通行動に影響を与えるため，立体交差化や鉄道の地中化などといった事業を行う必要性が高まる。

ある事象の外部効果が大きく，それが社会的な問題となっている場合，その外部効果を低減するための公共政策の必要性が高まることになる。

・Who（誰のために？　誰が負担する？）

公共政策において，ターゲットとする市民（T）と，実際にサービスを受ける市民（B）が一致しないことが多く，注意すべき点とされている。図7.1に示すようなバリエーションが考えられる。(a)は，BがTの一部となるケースである。市民施設（例えば図書館や福祉施設など）で，利用資格がその市の住民に限られている場合，市民にはまったくそれを利用しない人もいるため，(a)のような状態となる。(b)は，TとBのそれぞれ一部が重なっているケースである。市民施設（例えば市民公園など）で，利用資格をその市の住民に限らない場合，市外の一部の人も利用するため，(b)のような状態となる。(c)は，TがBの一部となるケースである。ある市で導入したゴミ処理施設について，市民のすべてが受益するが，さらに近隣の市町村の住民がゴミを持

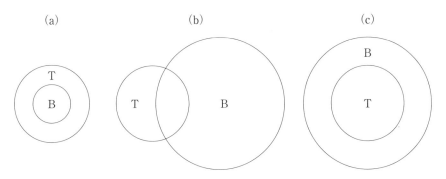

T：目標受益集団（target group）　　B：実際受益集団（beneficiary）

図7.1　政策における受益の目標と実際（宮川2002を筆者調整）

ち込む場合，(c) のような状態となる。

公共政策においては受益と負担の関係は様々である。一般には，租税制度に基づいて，個人や企業などの所得や富などの負担能力に応じて，負担されるが，受益者負担の原則が採用されて，費用の一部分を利用した人が負担する場合も多い（例えば，国公立大学や高速道路など）。受益が普遍的でなく外部効果が小さいものについては，受益者負担を大きくすることが妥当である。

・What（何を？）

一般に財は，個人財，準個人財，集団財の3つに大別される。**個人財**は，完全に個人に所有され，所有者が消費あるいは使用する財で，食料や衣料，住宅などが相当する。**集団財**は，個人が排他的に所有することができず，集団的に消費あるいは使用する財で，道路，公園，大気，国防などが相当する。これらの中間に，**準集団財**があり，有料高速道路，高等教育などが相当する。マンションの区分所有は，個人財であるが，躯体などの共有部分があり，排他的に建て替えができないなど，準集団財に近い性格があるものと考えられる。

公共部門も民間部門も3種類の財を供給しているが，公共部門は主に集団財や準集団財を供給し，民間部門は主に個人財を供給する。しかし，公営住宅のように公共部門が個人財を供給したり，私立小学校のように民間部門が集団材を供給したりする場合もある。

それから，公共部門と民間部門が連携して行われる場合もある。例えば，市街地再開発事業では，防災性能の向上を目的として公共部門の補助金が投入され公園が整備されつつ，民間部門でマンションが建設され住宅が販売される。医療サービスは，基本的に民間部門で供給されているが，国民皆保険制度により，誰でも医療機関にかかれるような仕組みとなっている。

・How（どのように？）

道路，港湾，公立学校，公立病院などのように，公共部門が**公共投資**によって建設し管理するものも多い。また，高速道路，空港，公営住宅などのように，政府が出資した公団や公社のような組織によって供給や管理がされるものもある。

しかしながら，社会的に望ましいが供給が不十分なもののすべてを公共部門で供給することは困難であるので，インセンティブ（**補助**，**減税**など）を与え

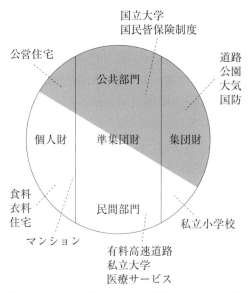

図 7.2　3 種類の財と公共部門および民間部門（宮川 2002 を筆者調整）

て，民間部門の供給を増大させる政策がとられることもある。他方，社会的に望ましくないものに対しては，ディスインセンティブ（**課税**，**規制**など）を与えて，供給を抑制したり，禁止したりすることもある。

このように公共政策には多様な方法があり，さらに PR 活動などの情報発信も含めて，複数の方法を組み合わせて問題に対応していることが多い（**ポリシーミックス**）。

・When（時間）

公共政策の構成要素として，「時間」「期間」は重要である。どれだけの長さの期間を対象としているか，ということである。公共政策の中には，地球環境問題や原子力発電所のように，遠く将来世代にまでわたる時間的視野でその影響を考えるべきものが少なくない。しかしながら，現実の政策関係者は，現時点から極めて短期的な視野で，意見をしたり，政策を考えることを求められがちである。日本の政策担当者は頻繁に部署を異動することが通例である。また，現実の市民も，子や孫の世代に関する長期的な問題より，今現在の自身の日常

生活での困りごとを優先せざるを得ない面がある。

さらに，ドロアが政策の実現戦略において指摘している「タイミング」も重要である。ある政策を改善する際には，問題が取り上げられ市民や担当者の関心が高まっている時に，有効な改善案が準備できていて，さらにそれを行政や政治が決定できるか，という視点である。これは「政策の窓」(Policy Window) という用語で説明されており，さらなる解説を後で加えたい。

市場システムと公共システム

市民のニーズは，市場システムを通じて満たされるものと，公共システムを通じて満たされるものがある。表7.1は，宮川による市場と公共の2つのシステムの対比である。市場システムは，交換を主要なプロセスとして，私的財や私的サービスをアウトプットしている。経済という一元的な価値において，企業が効率・生産性・成長を追求するシステムである。人々は，消費者や生産者，被雇用者や投資家といった経済的役割を担うこととなる。

表7.1 市場システムと公共システム

	市場システム	公共システム
プロセス	交換プロセス	政治プロセス
アウトプット	私的財・私的サービス	公共財・公共サービス
価値	経済的価値	多元的価値
利益	私的利益	公共的利益
原動力	見えざる手	見える手
主権	消費者主権	市民主権
役割	経済的役割（消費者・生産者・被雇用者・投資家）	政治的役割（市民・政治家・行政官・利益集団）
報酬	利潤	権力
主要組織	企業	政府
作動原理	効率・生産性・成長	正義・平等・公正

[宮川 2002 より]

公共システムは，政治を主要なプロセスとして，公共財や公共サービスをアウトプットしている。多元的な価値を前提として，公共的利益，正義や平等，公正を追求するシステムである。人々は，市民や政治家，行政官や利益集団といった政治的役割を担うこととなる。

我々は，現代社会の市場システムにおける消費者でもあり，公共システムにおける市民でもある。2つのシステムは別個のものではない。企業で利潤を追求していくなかで，利益集団として政治的役割を果たすことがあり，そこに市場システムと公共システムの接点がある。ただし，その関係性は並列ではない。利益集団を含めた，多様な市民，多様な価値を政治プロセスで調整していくのが，公共システムということになる。

「**市場の失敗**」（market failure）という市場の働きだけに任せておいたのでは，好ましい結果が得られない，という議論がある。

公共的問題か私的問題かを区分する**外部性**（ある活動が他者へ及ぼす影響）であるが，企業においては，その経済活動のコストと利益の外にある影響のことを指し，普通には，企業の意思決定のための計算に入ってこない。企業活動の外部にある影響をコントロールするには，政府による規制が不可欠となる。

例えば，耐震性能を軽視して少しでも安い住宅を望む消費者がありえるため，安全性能を落とすことで工費を抑え利潤を最大化する企業が出て来てしまう。しかし一度地震が来れば，住宅倒壊による救命救助や，避難から生活再建まで莫大な行政コストが必要になることを考えると，耐震性が低い住宅を建設することは公共的な問題となる。そこで，建築基準法による耐震性能の規制があることにより，大地震が来ても倒壊することのないレベルの建物が建設されるようにコントロールされている。市場の働きだけに任せておいたのでは，都市の災害リスクが高まってしまう危険性がある。

また，自由市場で，規模が大きい企業が他を圧倒し，**独占**企業となって後に停滞して，結果的に非効率的になるという問題もある。このような市場の失敗を補正するために，独占禁止法のような政府の介入が必要となる。他方，独占企業を分割して競争を促すと，研究開発による技術進歩が停滞するというような別の失敗を生み出すリスクもある。

さらに，**市場の不完全性**という問題がある。時として，製品や市場について

の情報がすべての消費者に同じように利用できないことや，市場機会や生産技術についての情報がすべての生産者に同じように利用できないことがありえるが，このような場合に公共政策の介入が必要となる。

　それから，**異時点間資源配分**の困難性という問題もある。市場は近視眼的であり，将来世代の利益を十分に考慮することができないと言われる。人は，将来の大きな利益より，現在の小さな利益を優先しがちである。終身雇用の慣行が崩れはじめ，転職を繰り返す人材流動性が高い社会となると，短期間に成果を上げることが求められるから，市場がより近視眼的になっていくであろう。

　市場の失敗をコントロールする政府においても構造的な問題があり，それは，**政府の失敗**（government failure）と呼ばれる。まずは，無駄なコストの上昇という問題である。政府活動では，市場メカニズムが働かずに，不完全な市場以上に，過剰なコストが発生するリスクがある。それから，**内部性**という問題がある。企業の場合には，売上高，利益など直接的な評価指標が得られるが，政府はアウトプットの測定を定義することが困難な場合が多く，成果基準を自ら開発しなければならない。その結果として，例えば，「所属部署の予算や人数を大きくした官僚の評価が高くなり出世していく」というような，組織内の評価が行動メカニズムとなってしまい，時に社会ニーズと乖離するリスクが伴う。また，**派生的外部性**という問題もある。政府の介入が副次効果をもたらす可能性である。例えば，補助金を投入した市街地再開発に伴うタワーマンションの建設が，周辺の道路や鉄道の混雑度を著しく高めたり，周辺宅地の眺望や日照に影響をもたらしたりすることなどである。

　宮川は，「市場も政府もともに完全なものではあり得ない。市場か政府かという選択の問題ではなく，不完全な市場と不完全な政府との組み合わせの問題」という見解を示している。市場の失敗は，政府による規制や誘導によりある程度コントロールが可能である。政府の失敗も，工夫することで，無駄なコストの上昇や派生的外部性を抑えることは可能であろう。内部性の問題も，有効な外部評価の活用や，市民の声と向き合う体制づくりを進めることで改善することが可能であろう。ただし，それが時に上手く機能しなくなる場合もあるから，常に健全性をチェックしたり，見直したり改めたりすることが求められる。

7.2 公共政策の環境

公共政策をとりまく環境

図7.3は，宮川による公共政策とその環境に関するものに，筆者が若干手を加えたものである。公共政策をとりまく環境は，市場以外にも多岐にわたり，それらが影響を及ぼしながら政策が決定され実行されていく。

芸術や文学，歴史や伝統，道徳や信仰，道具や技術，慣習や制度，住居やまちづくりにいたるまであらゆる精神的営みや行動様式や生活様式として「**文化的環境**」があり，それが公共政策を考える前提となる。政策に直接関連するところでは，「政治文化」という言葉がある。江戸の町民の「御上意識」と呼ばれるような，政治に受け身で，御上の指示に従うような態度もあれば，近代アメリカの「個人主義」に代表されるような，個人の自由な活動を重視して，「小さな政府」を志向する政治文化もある。あるいは，総じて政策問題に関心が高く，高福祉高負担を是とする市民道徳的な政治文化もある。そういった思想の強弱が，公共政策の基本的方向や内容に大きく影響する。

政治文化が具体化した「**政治的構造**」は，政策決定のメカニズムとなる。エリート層が政治的決定を行い，大衆がそれに従うというトップダウンの政治的構造と，誰でも政治にアクセスできて，現場の様々な問題やニーズをベースに政策が組み立てられていくというボトムアップの政治構造に大別される。ボト

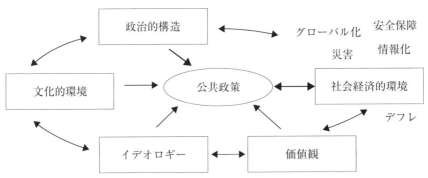

図7.3 公共政策をめぐる環境（宮川 2002 を筆者調整）

ムアップの政治構造については，それが広く市民に開かれているのか，一部の利益集団に閉じられているのか，という区別ができる。政治的構造は多面的であり，それぞれの区分が組み合わさり成立しているものと考えられるが，国や時期によってその強弱があり，社会問題も様々な性質のものが出てくるから，それにうまく対応できる場合もあれば，そうでない場合もある。

　政治思想の傾向を指す「**イデオロギー**」も重要な視点となる。保守 vs 革新，といった整理をされることが多く，保守は右派や右翼，革新は左派や左翼などと称されることもある。左，右は，昔のフランス議会の議長席から見て右側に保守派が，左側に革新派の議員が座ったことに由来すると言われている。保守は「旧来の風習・伝統・考え方などを重んじて守っていこうとすること」，革新は「旧来の制度・組織・方法・習慣などを改めて新しくすること」（デジタル大辞泉）とされる。日本では保守政党が改憲を党是としており一見矛盾するように見えるが，現行憲法に戦後の占領軍による革新的な性格が含まれていることに由来している。「旧来」をどこに定義するかにより，守るもの，改めて新しくするものが変わる。

　公共政策をめぐる「**価値観**」も重要な論点となる。例えば，エネルギー政策のあり方についてはよくわからないが電気料金の値上がりだけは困るという価値観の人もいれば，電気料金が値上がっても良いから再生可能エネルギーの導入をすすめてほしいという価値観の人もいる。このような価値の対立に対して，交渉や妥協を重ねながら社会的合意を得ることが求められる。この価値は不変ではなく，時代とともに変化していく。かつての日本では，残業や終身雇用といった働き方が一般的な雇用をめぐる価値観であったのが，近年では，ワークライフバランスによる自己実現，非正規雇用の増大，転職によるキャリアアップなど，雇用をめぐる状況と人々の価値観に大きな変化が生じている。そのような変化に伴い，政策のあり方を考え直していくことが求められる。

　「**社会経済的環境**」として，第２章で見たグローバル化，第３章でふれた情報化，第４章でふれたエビデンスドベースドポリシーやデザイン思考といった社会の潮流や技術的動向が挙げられる。アメリカの地位の相対的低下による安全保障環境の変化，格差や貧困，長引くデフレや経済的停滞，東日本大震災やその後の相次ぐ災害など，直面する問題や心配される危機は，今日の公共政策

の主要なテーマとなる。財政赤字が続き政府支出には限度がある中で，多様な問題への対応を迫られることになる。

ステークホルダー

公共政策に利害関係を持つ者を総称してステークホルダー（Stakeholder，利害関係がある者）と呼ぶ。政策プロセスを探求していくには，ステークホルダーを明らかにする必要がある。具体的には，国会と内閣，政党と政治家，官僚，利益集団，地方政府，専門家，シンクタンク，メディア，市民などが挙げられる。

わが国では，過半数の議席を占める政党の支持をベースに，国会で指名される内閣総理大臣が**内閣**を組織し，閣僚のほとんどが国会議員から任命される**議院内閣制**をとっている。議院内閣制の下では，政権与党の政策が政府法案という形で国会に提出され，それが立法の中心になる。同時に，中央省庁の配置に直接対応する形で常任委員会が設けられ，専門的審議が行われる。政治家の組織的基盤は政党であり，戦後ほぼ一貫して政権を担ってきた自由民主党は，国会の委員会に対応した政務調査会の部会や調査会を設けており，それらが政策プロセスの中に埋め込まれていることになる。議員は在職期間が長くなるにしたがって，特定の分野での専門的知識を身につけ，また人的ネットワークを形成していき，影響力を持つベテラン議員となっていく。

社会が複雑化し，多くの政策問題は高度に技術的な性質のものとなってきた。そのすべてを立法府で担うことは時間的にも能力的にも困難であり，わが国においては**官僚機構**が大きな役割を担ってきた。政府・与党の政策立案の多くは官僚機構によって作成される原案に基づいてなされている。行政省庁は実質的な立法提案権をもっていると言えるが，その決定は**国会の委員会**や**与党の政務調査部会**を通じてなされることになるから，官僚と国会議員とのネットワークが形成され，政策情報の提供や法案成立への根回しなどが行われることになる。

政策プロセスに影響を与えるものとして**利益集団**がある。わが国の利益集団として代表的なものを挙げると，財界団体（経団連，経済同友会，日商等），業界団体（農協，電気事業連合会等），労働団体（連合等），職業団体（日本医師会等）など様々なものがあり，政治家や省庁，地方自治体へ提言するなど影

響力をもっている。

　以上のような国会委員会や与党政策部会，各省庁，利益集団が構成している強力な政策決定力は，「**小政府**」（sub government）と呼ばれることがある。それは，政府は一つの組織として政策選択をすることは少なく，政策領域ごとに細分された関係集団の中での決定を是認する形で実際の政策決定が進んでいることを示唆している。利益集団に有利な政策の実施，官僚の天下り，利益集団による政治資金援助といった互恵的利益によって結ばれた共生的関係にあるため，その結合は強まっていき「鉄の三角形」と揶揄されることもある。

　その他に，議会や省庁の審議に参加しアドバイスする審議会，調査会，委員会や研究会も政策決定のプロセスにおいて一定の役割を果たしている。学識経験者や専門家，利害関係を持つ集団の代表者や市民が委員として選ばれて，利害調整の場として機能することもある。官僚機構による政策決定に対して，お墨付きを与えるプロセスとしての側面があることも指摘される。シンクタンクの役割も重要であるが，わが国の場合には，政府や地方自治体からの委託業務に追われており，アメリカのようにすぐれた自主的研究は少ないとされている。

　市民の多くは，制度化された投票行動には参加しても，通常の政治的活動には参加せず，政策問題に大きな関心を示さない，という実態がある。しかしながら，選挙により国会議員が選出されるという制度である以上，間接的に政策決定に影響力を持っている。市民は，新聞やテレビといったマスメディアの報道，ネット記事などを通して，公共政策問題について情報を取得していることがほとんどである。政治家は，常に選挙に勝ち続けなければその地位を失ってしまうため，市民の関心を熟知して，適切なアピールをすることが不可欠である。したがって，テレビや新聞，ネットメディアにどのような問題が取り上げられるのかは，アジェンダ（議題）の設定に大きく影響を及ぼすものと考えられる。市民運動やNGO，NPOといった組織的な活動も，メディア報道やロビー活動を伴うことで，政策課題として認知され，政策的対応に至るケースが少なくない。

7.3 政策科学のモデル

　公共政策を取り巻く環境やステークホルダーについてイメージが膨らんできたところで，いよいよ政策科学のモデルを紹介していきたい。モデルとは，複雑な現実世界の特徴を捉えるために，なんらかの形に単純化して表現することで，政策科学においても様々なモデルが考えられてきた。個別の政策課題の分析にとどまらず，実際の政策がどのように作られて決定され実行に至るのか，という政策プロセスまでを対象とすることが政策科学の特徴であり，それゆえにモデルも広範なものとなる。ここでは，その主要なものとして，制度論モデル，合理性モデル，増分主義モデル，ゴミ箱モデルを取り上げて紹介したい。

代表的なモデル

　制度論モデルは，国会や政党，省庁，地方政府，裁判所など政府の諸機関を対象として，その法的側面や他機関との公式的関係に焦点をあてるもので，行政学分野の研究蓄積を位置付けることができる。政府諸機関の制度的仕組みと公共政策の関係を，歴史的ならびに国際比較的に，体系的に研究するアプローチであり，政策科学においても，その知識や研究は必要不可欠なものである。1950年代以降，アメリカの政治学分野では，下記の合理性モデルによる研究が盛んになり，制度論的アプローチが減退したと言われている。しかしながら，1980年代ころより，あらためて国家や制度の役割に注目し，公式的な制度以外の社会的，経済的，文化的な環境要因も含めて，比較や理論化を志向した「新しい制度論」が展開している[1]。

　合理性モデルは，政策決定における合理性を追求するもので，経済学や社会工学系の分野で研究が盛んである。具体的には，効率性を追求する費用便益分析（cost-benefit analysis），産業連関表を用いた産業連関分析（input-output analysis），市場価格の説明に用いられた均衡理論（equilibrium theory）をベースに発展した応用一般均衡分析（Computable General Equilibrium Analy-

---

[1] より詳細な議論に関心がある方は，例えば，建林（1999）を参考にされたい。

sis, CGE Analysis）や動学的確率的一般均衡論（Dynamic Stochastic General Equilibrium, DSGE）などが挙げられる。また，プレーヤーが合理的に選択する結果，自白しあってしまう「囚人のジレンマ」に代表されるゲーム理論（game theory）による軍縮や関税引き下げなどをテーマにした国際関係研究も位置付けられる。それから，ジェームス・ブキャナン（James McGill Buchanan Jr., 1919-2013）らによる公共選択論（public choice theory）がある。非市場領域における意思決定の経済学的モデル分析で，あらゆる政治的行動主体が自己の個人的利益を最大化しようとすると仮定する。例えば，レント・シーキングという利害関係集団の活動が過剰な政府活動と公共財の供給をもたらすという分析がある。合理性モデルは，現在の大学における政策関連研究の主流であり，膨大な研究が重ねられている。数学的に高度に複雑化して，「現実分析を忘れ，理論のための理論に走りやすい傾向を持っている」という指摘[2]もあるが，現実的な政策形成の資料や論拠として利用されたり，政策の方向性に影響することもある。

増分主義（incrementalism）モデルは，「公共政策は基本的には過去の政策の延長であり，修正は過去のものに付加的，増分的なものにとどまると考えるもの」（宮川2002）である。長くエール大学の教授を務めたチャールズ・リンドブロム（Charles Edward Lindblom, 1917-2018）というアメリカの政治学者が提唱したとされる。政策決定者が，あらゆる代替案を考慮に入れ，その費用と便益や影響を考慮して，最善のものを選択する，ということは現実的にはありえず，現実の政策は，既存の政策プログラムや支出予算をベースに，その増加や減少，修正といった形で進んでいる，と考えるものである。

似た用語として，漸進主義（gradualism）や保守主義（conservatism）[3] がある。現体制や秩序を急激に変革しようとする急進主義（radicalism）に反対し，合法的に徐々に進もうとする態度を指す。合理性モデルは急進主義的な態

---

[2] 例えば，小学館　日本大百科全書の解説。
[3] 宇野（2013）第7章では「急進的な革命や改革に反対し，あえて過去からの伝統の連続性を重視する思想・運動」と説明され，フランス革命を批判したエドモンド・バーグが紹介されている。

度に近く，増分主義モデルは漸進主義的な態度や保守主義に近いものと考えられる。宮川は，増分主義モデルの説明力が高いことは認めつつも，過度な漸進主義的態度については批判しており，必要な変更や調整すべきというバランス感覚を訴えている。

ゴミ箱モデル（garbage can model）は，大学経営を対象にした組織の行動選択に関する論文（M. D. Cohen *et al.* 1972）をきっかけとして，後に政策プロセス研究に大きな影響を与えたとされるモデルである。組織の行動選択は，「きっちりと整理されたプロセスの中で行われるのではなく，いろいろな問題とその解決策が乱雑にごちゃまぜになって入れられたゴミ箱（garbage can）の中での選択のようなもの」とするものである。組織の中では，様々な問題や解決案が持ち込まれながら，それにいろいろな参加者が関わりながら，選択がされていく。会議に誰が招かれて誰が実際に参加するかによっても結果は異なり，事前の根回しや関心の程度も左右する。問題や解決案の内容，参加者間の相互作用，偶然の出来事などが重なりながら，「ゴミ箱」のような状態の中で，選択がなされていくという概念は，現実の組織や政策決定プロセスの実態に近いものと考えられる。

┃「決定の本質」の3つのモデル

1962年10〜11月にかけて，ソビエト連邦がキューバに核ミサイル基地を建設したことが明らかになり，アメリカ合衆国がカリブ海で海上封鎖を実施して，両国間の緊張が非常に高まり，核戦争寸前という危機的な状況を迎えた（**キューバ危機**）。最終的に，ソ連がミサイルを撤去して，衝突が回避された。ケネディ大統領は，当初，キューバへ空爆することを考えていたが，立場や意見が異なる関係者を集めたエクスコム（ExComm, Executive Committee of the National Security Council）という会議を持ち，海上封鎖に至ったことが明らかにされている。もしも，当初の考え通り，空爆を実行していたら，両大国間で戦争が勃発した可能性が極めて高かった，とされている。

ハーバード大学ケネディ・スクールのグレアム・アリソン（Graham T. Allison, 1940年-）教授が，1971年に著した『決定の本質』（Essence of Decision）は，キューバ危機[4]時のアメリカ政府の対応を，「合理的アクターモデル」，

「組織プロセスモデル」,「政府(官僚)政治モデル」の3つのモデルで分析した書物で,政策決定モデルに関する古典的な文献としてよく知られている。ハーバード大学ケネディ・スクールでも教科書として四半世紀近く用いられてきたそうである。1999年には,歴史学者のフィリップ・ゼリコウ(Philip Zelikow, 1954-)とともに,初版を全面改訂した第2版が刊行されており,その内容を見ていきたい。

「決定の本質」における**合理的アクターモデル**は,合理性モデルと対応するものと見受けられる。「アメリカの政策」とか「中国の決定」とか「日本の行動」というように国家を合理的アクターとみなして,説得力のある説明を試みるものである。説明に利用される分析枠組みとして,現実主義,国際制度学派,リベラリズム(理想主義),合理的選択,ゲーム理論などを紹介している。アリソンらは,合理的アクターモデルに基づいたキューバ危機の分析を行っている。ソ連が攻撃用ミサイルをキューバに配置しようとしたのはなぜか,ソ連のミサイル配備に対し,アメリカがキューバの海上封鎖で対応することを選んだのはなぜか,ソ連がミサイル撤去を決断したのはなぜか,という3つの問いに対して,いくつかの仮説を明示しながら,豊富な資料を用いて合理的な説明を試みている。

例えば,アメリカの対応について,①何もしない,②外交圧力,③カストロへの極秘提案,④キューバ侵攻,⑤空爆,⑥海上封鎖の6つの選択肢を示し,それぞれについてメリットやデメリットなどを書きながら,当時どのような議論があったかを示しつつ,最後通牒を組み合わせた海上封鎖が実行されたことが説明している。

それから,ソ連がミサイル撤去したのは,単に海上封鎖の効果であったという説明では説得力に欠けることを述べている。海上封鎖の後も,アメリカは,フロリダの侵攻軍を20万人超に増強したり,数百機に及ぶ戦闘機を移動したり,約1万4千人の空軍予備役に招集をかけたりするなど戦闘準備を続けていた。その中で,キューバの防空部隊がアメリカの偵察機を撃墜し,アメリカが

4　1962年にキューバに核ミサイル基地の建設が明らかになりアメリカとソ連の緊張が高まり核戦争に及びそうになりながら政治対応によりその危機を回避した事件。

空爆の開始を決断し，キューバがソ連に対してアメリカの侵攻の脅威を排除する要請（ソ連にアメリカを攻撃してほしいという要請）をするという戦闘直前の状態に至り，ソ連が次なる軍事行動や戦争を恐れ，ミサイル撤去に至った，と説明している．

組織プロセスモデルは，増分主義モデルと対応するものと見受けられる．政府は多数の大組織から構成されており，それぞれが複雑な任務を遂行するために，標準的な業務プロセスがある．組織は，どんな問題についても，通常時の業務プロセスをベースにして対応していくものと考えられ，政府行為をそのような組織プロセスのアウトプットとして説明するものである．

例えば，キューバのミサイルを発見したアメリカの情報当局の動きを追って行くと，船舶関係工作員，亡命者，キューバ内の工作員，偵察機による偵察飛行などの諜報活動からの情報を，政府の諜報活動の専門家が処理し，組織の階層を上がっていく．分析官がキューバを特別に監視する必要性を空中偵察委員会へ伝え，キューバ偵察の計画が提案され，CIA長官が政府上層部と議論し，最終的にケネディ大統領により承認されている．組織の所定の業務や手続きを経て，証拠が徐々に積み上がり，偵察の実行へ至っている．偵察飛行は10月14日に行われているが，8月後半には，ケネディは国防総省に「アメリカに対する核攻撃を仕掛けるキューバの施設を排除する」ための軍事的選択肢の検討を国防総省に命じている．10月14日の後に検討された空爆の選択肢は，その準備作業から浮上したものであった．海上封鎖案についても，ミサイルが発見される前に，国防長官に促された海軍が，その詳細な計画を策定済みであり，大西洋艦隊が適切な任務を遂行可能な状況であった．このように各組織の業務プロセスがベースとなり，指導者が部分的に調整しながら，キューバ危機への対応がなされていた．

政府（官僚）政治モデルは，ゴミ箱モデルと対応するものである．分析対象を，国家や組織といったレベルではなく，そこに関係する人レベルとすることで，同じ国家や組織の中にいても，行為者によりネットワークやコミュニケーション能力に差異があり，発生した問題への対応は，関係者の政治プロセスの結果として動態的に偶発性を持ちながら導かれるものと考える．

マルチエージェント・シミュレーションでキューバ危機を分析している阪

表7.2 アリソンの3つのモデルの特徴（宮川2002，アリソン・ゼコウ2016より）

モデル	Ⅰ 合理的アクター	Ⅱ 組織プロセス	Ⅲ 政府（官僚）政治
分析の基本単位	選択としての政府行動	組織成果としての政府行動	政治的結果としての政府行動
行為者	単一国家	組織	複数の個々のプレーヤー
問題	国家の直面する戦略的状況	問題の要素化と権限の分散化	地位，利害により異なる問題把握
行動	合理的選択としての行動（目的，選択肢，結果，選択）	組織成果としての行動（標準的作業手続き，中央による調整と統制，指導者の決定等）	政治的結果としての行動（各プレーヤーの立場，影響力，政治ゲーム等）
対応する基礎モデル	合理性モデル	増分主義モデル	ゴミ箱モデル

本・保城・山影（2012）では，複数の資料を基にExCommメンバーによる意見変遷を一覧表にしており，その一部を表7.3とした。海上封鎖を決定する直前の数時間で，議題や各メンバーの意見が変化してく様子が見える。ケネディ大統領は，10月16日時点ではⅤ外科手術的な空爆，18日昼頃にはⅥ全般的空爆を考えていたが，その夜にⅣ最後通牒アプローチによる海上封鎖へ切り替わった可能性があり，20日の海上封鎖決定を迎えている。タカ派の統合参謀本部長タイラーは，16日時点でⅥ全般的空爆，途中意見が変わりながら，20日の会議でもⅥ全般的空爆となっている。他方，ハト派の国防長官マクナマラは，はじめ意見が不明瞭だが，18日の会議からⅢ交渉開始アプローチによる海上封鎖となり，20日の会議を迎えている。政府（官僚）政治モデルのイメージを具体的に感じることができる表である。

アリソンらは，キューバへの兵器輸送が報告されはじめた時期から各アクターの発言ややりとりなどの政治プロセスを詳細に書き出している。そして，最終的に，トルコにあるミサイルの撤去を密約として了解した上で，ソ連がミサイル撤去に至った過程が明らかにされている。トルコには，NATO（北太平

表 7.3 ExComm メンバーの意見変遷（阪本・保城・山影 2012）

名前（肩書き）	日	16 日		17 日	18 日		19 日	20 日
	時間	11:50-	18:30-	8:30-	11:10-	21:00?-	—	14:30-
	事件	MRBM発見			IRBM発見			海上封鎖決定
	議題	Ⅱ Ⅴ Ⅵ Ⅶ	Ⅰ Ⅳ Ⅴ Ⅵ Ⅶ	Ⅱ Ⅳ Ⅴ Ⅵ Ⅶ	Ⅰ Ⅱ Ⅲ Ⅳ Ⅴ Ⅵ Ⅶ	Ⅰ Ⅳ Ⅴ	Ⅲ Ⅳ Ⅴ	Ⅲ Ⅳ Ⅴ
M・バンディ（安全保障問題担当特別補佐官）		Ⅴ	Ⅴ	？	Ⅱ（？）	Ⅰ	Ⅴ	Ⅴ
D・ディロン（財務長官）		Ⅴ	Ⅵ	Ⅶ	Ⅴ（？）	×	Ⅳ	Ⅳ
L・ジョンソン（副大統領）		Ⅴ	？	×	×	×	×	×
J・F・ケネディ（大統領）		Ⅴ	Ⅴ	×	Ⅵ	Ⅳ（？）	×	Ⅳ
R・ケネディ（司法長官）		Ⅶ	？	？	？	Ⅳ	Ⅳ	Ⅳ
J・マコーン（CIA 長官）		×	×	Ⅴ	Ⅴ	×	Ⅴ	Ⅳ
R・マクナマラ（国防長官）		？	？	？	Ⅲ	Ⅳ	Ⅲ	Ⅲ
D・ラスク（国務長官）		Ⅱ	Ⅱ	Ⅴ	Ⅴ	×	？	Ⅲ
A・スティーヴンソン（国連大使）		×	×	×	×	×	×	Ⅲ
M・タイラー（統合参謀本部議長）		Ⅵ	Ⅵ	Ⅴ	Ⅵ	Ⅳ	Ⅴ	Ⅵ
多数意見		Ⅴ	Ⅱ Ⅴ Ⅵ	Ⅴ	Ⅱ	Ⅳ	Ⅴ	Ⅳ

Ⅰ何もしない　Ⅱ外交的解決　Ⅲ交渉開始アプローチによる海上封鎖
Ⅳ最後通牒アプローチによる海上封鎖　Ⅴ外科手術的な空爆　Ⅵ全般的空爆　Ⅶ侵攻

洋条約機構）の枠組みによって，アメリカの核ミサイルが配備されており，ソ連や東側諸国の脅威となっていたが，アメリカでは核弾頭ミサイルを搭載した原子力潜水艦の開発によりその重要性が失われつつあったようである。

「政策の窓」モデル

組織プロセスにより準備された政策をベースに，関係者による政治的ゲームを経て，政策が決定される。決定された政策によりもたらされた結果を踏まえて，その政策について，合理的な説明が加えられていくことになる。我々が政策についてより深く知りたいと考えるのであれば，事後的に整えられた合理的な解釈を見るだけでなく，どのようなプロセスでその政策が決まったのかという政治的ゲームについても見ていくことが考えられるし，そもそもその政策や他の代替案がどのように作られたのかについて知ることが考えられる。

ジョン・キングダン（John Wells Kingdon, 1940-）は，長くミシガン大学教授を務めたアメリカを代表する政治学者であり，1984年に刊行された『アジェンダ・選択肢・公共政策』（Agendas, Alternatives, and Public Policies）は多くの大学や大学院で教科書として用いられた著名な書物である。第2版が2003年に，その Update Edition が2011年に，さらに日本語翻訳が2017年に刊行されている。この書籍は，1970年代後半の健康維持機構，国民健康保険，交通規制緩和，水路利用料金という4つの政策事例について，政府や関係する247人のトップレベルの意思決定者に対する緻密なインタビューを基礎にしている。そして，問題，政策，政治の3つの流れが高い次元で合流した際に，「政策の窓」（Policy Window）が開き，政策変更がもたらされる可能性が大きくなる，という見方を提示した。

図7.4に「政策の窓」のイメージを示す。「問題」の流れは，何らかの問題が社会に与える影響が大きくなってきて，強く認識されるようになってくる，ことを指す。具体的には，社会経済指標や出来事（災害や危機など），フィードバック（苦情や陳情など）などにより顕在化してくる。このような問題に対する選択肢や提案，解決策が専門家コミュニティ（学者，調査員，コンサルタント，官僚，議会スタッフ，アナリストなど）の中に生まれてくる。それは，ゆるやかに結びついた専門家コミュニティの中で交換[5]され，実行可能性，一

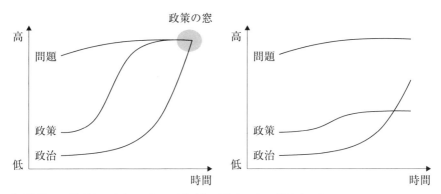

図 7.4 「政策の窓」のイメージ（左：開く，右：開かない）

般市民や政治家に受け入れられるかどうかなどの篩（ふるい）にかけられながら，政策案として準備されていく。これが「政策」の流れである。そして，問題や政策の流れとは独立した，「政治」の流れがある。国民全体の雰囲気，利益団体の活動，選挙結果，議会における党派やイデオロギーの分布，政権交代などから構成される。それら3つの別の流れが，大きく高まり合流した時に，公共政策の大きな変化の可能性が高まる。図7.4の右側は，多数を占める「政策の窓」が開かないケースのイメージである。問題が大きく認識されて，政治的な関心が高まってきたとしても，その解決策が準備されていなければ，政策変更は不可能である。キングダンは，「窓」がほんの短い期間しか開いておらず，あるジャーナリストによる「本当に大きな対策は，非常にすばやく行われるか，全く何も行われないかのどちらかだと私は考えている」という言葉を引用している。

第2版には，1993年のクリントン政権における医療保険制度改革についての分析が加えられている。「悩みの種は政策の流れだった」として，「政策の窓は開いたが，決定アジェンダになって法律が作られるかどうかは，特定の政策パッケージに対して主唱者と専門家の間に合意が構築されるプロセス次第であ

---

[5] 例えば，ランチミーティング，会合での会話，文書の配布，報道機関へのリーク，議会公聴会，法案の作成，演説等。

った。しかし，そのような合意は窓が開く前のほうがうまく築けるものであり，合意に達する機会はすでに過ぎ去ったのかもしれない。」と事前の政策検討の重要性が示唆されている。

7.4 政策実施と政策評価

　本章では，ここまで，公共政策の基礎的な構成要素，政策決定の環境，そして政策決定のステークホルダーについて学んできた。そして，政策科学の代表的なモデルとして，「合理性モデル」，「増分主義モデル」，「ゴミ箱モデル」，グレアム・アリソンの「決定の本質」や，ジョン・キングダンによる「政策の窓」モデルなどを紹介してきた。社会問題が政策問題として認識され，合理的な対応策が探られつつ，政治的なプロセスの中で調整されて，政策として決定されるまでの過程を眺めた。本節では，決定された政策がどのように実施されるのか，その評価をどうするのか，といった，実施や評価について紹介していく。

政策実施

　宮川（2002）では，実施は節レベルでの扱いで，記述も8ページ半ほどと少なく，「実施の問題は行政官に任せられるべき実務的問題とする傾向があった」と，政策決定に比べて研究が少なかったと記述している。先駆的な研究として，1973年のプレスマンおよびウィルダフスキーによる『実施』（Implementation）という書籍を挙げており，その副題が「ワシントンにおける大きな期待がどのようにしてオークランドで打ち砕かれたか」という中央政府の政策決定と地方政府における政策実施のギャップを表現したものであることを紹介している。その後，決定された政策の実施欠損を小さくするためには，というトップダウン的な観点からの研究がなされ，①政策の性格を明確にすること，②実施の構造を連鎖内の連結数が最小になるようにすること，③外部からの干渉を防止すること，④実施の行為者に対するコントロールを確立すること，といった指摘（D. A. Mazmanianら1983）がなされたそうである。また，「政策決定と政策実施が明確に区分できるものではなく，連続的につながったものであっ

て，政策は通常実施と呼ばれている段階をも含めた全体のプロセスの中で具現してくる」という視点を紹介している。

秋吉（2017）では，実施は1つの章として扱われており，副題が「霞が関の意図と現場の動き」となっている。日本国内を例に，法律制定後の実施プロセス，組織間の連携と調整，第一線職員について説明しているので，その概要を紹介したい。

国会で決定された**法律**に，具体的なことすべてが書き込まれているわけではなく，内閣による**政令**や担当省庁による省令，さらにそれらの解釈や運用基準に関する**通達・通知**があり，そして，現場の担当者に対して，マニュアルや問答集といった**実施要領**が作成される。政令・省令，通達・通知，実施要領といった具体的な文書群が，政策実施において重要な役割を果たすことになる。

政策を実施していくには，担当府省，担当府省の地方出先機関，都道府県自治体，市町村自治体，独立行政法人，民間企業，NPO，といった多様な機関が関連する。担当府省や都道府県自治体は主に政策を実施する機関を管理する「**政策管理**」機能を果たす。市町村自治体や担当府省の地方出先機関，独立行政法人や民間企業，NPOは政策や行政サービスを住民に提供する「**政策デリバリー**」機能を果たす。1つの政策についても多様な機関が関連するため，現実の政策をスムーズに実行していくには，**組織間調整**が重要となる。担当者連絡会議や協議会といった場を設けて，担当者が一堂に会し，情報を共有したり，実施方法を調整したりすることが行われる場合がある。「出向人事」により，政策管理と実施の現場について相互理解を深めることで，中長期的な政策形成の改善や，そのための組織を跨いだ人的ネットワークの形成が図られている。

ある政策課題について，政策決定プロセスを経て法律を制定した後に，政令・省令，通達・通知，実施要領といった具体的な文書群により，実施が具体化する。実施をしていくにあたっては，国や地方自治体，企業やNPOなど多様な機関が関連するため，組織間調整が求められる。そして，最後に，政策や行政サービスを住民に提供する「現場」にいる行政担当者[7]の「**裁量**」がポイ

---

[7] 政策実施論に関する教科書や専門書では，「第一線職員」や「ストリートレベル官僚」と呼ばれる。

ントとなる。「裁量」には，現実的ケースに国が定める規則や規定をどのように適用するかという意味での「法適用の裁量」と，現場職員の使える時間や労力には限りがありどの仕事をどこまでやるかという意味での「エネルギー振り分けの裁量」という区分があることが指摘されている（西尾2001）。

　岩手県釜石市の職員が，東日本大震災2年前からの直前までの防災業務を振り返った記録（東大社研他2014）がある。全世帯意識調査，災害初動班の設置，津波避難場所の整備，津波避難場所担当者の指定，避難誘導看板の設置，自主防災組織の形成と訓練，小中学生の防災教育の推進，備蓄，孤立集落対策，職員の通告なしの招集訓練，災害時バイク隊の設置など，限られた職員が膨大な業務を担っていたことがわかり，市民や企業・NPOの協力や外部の応援が不可欠であることが示唆される。

政策評価

　宮川（2002）では，評価についての記述は20ページ以上と，実施に比べて厚いものとなっている。政策評価の意義，目標の明確化，評価基準と測定尺度，政治性，会計検査といった項目について，主にアメリカの研究成果や事例を紹介している。政策評価の意義として，政府の財政収入の制約が厳しくなっているという社会経済的状況などが挙げられている。政策評価において，数量的に捉えやすい目標とそうではないものがあり，経済的な性格のものは測定が容易なものが多いが，社会的，社会福祉的な性格のものは測定が難しい傾向があることを指摘している。評価基準として，アメリカの会計検査院（GAO, General Accounting Office）による監査基準の3つの要素（財務的基準遵守および合法規制，経済性および効率性，プログラム成果）などを紹介している。政治性については，キャロル・ワイス（Carol Weiss, 1926-2013）の「評価はつねに明らかな政治的色彩を帯びたものである。それは政策プログラムの評価についての結論を生み出すように設計されたものであり，それによって資源配分に影響を与えようとするものである」という記述を紹介している。そして，わが国では，2001年の中央省庁等改革に伴い政策評価制度が導入され，各府省が自ら政策評価を行うとともい，総務庁行政監察局が改組・強化されて総務省行政評価局が設けられ，政策評価の推進や検証，複数府省にまたがる政策の評価

などを行うようになった[8]ことやその課題[9]、内閣に対して独立の地位を持つ会計検査院の検査の観点が拡大してきており政策評価機能を担っていることが記されている。

2001年に政策評価制度が導入されてから10数年が経過した段階で記された秋吉（2017）では、政策評価に関する記述が進み、セオリー評価、プロセス評価、業績測定、インパクト評価という4つの手法が紹介されている。**セオリー評価**は、問題解決に向けたロジック（論理）が適切であるかを検討することを指す。先の岩手県釜石市の防災担当職員の例で考えれば、東日本大震災により膨大な死傷者が発生したという問題に対して、震災前の様々な取り組みが適切であったのか、今後も同じような取り組みでよいのか、という「そもそも論」である。職員は、「これまでの防災訓練は十分に役に立たなかった」と考えており、「より実践的、効果的、筋書きのない訓練などを実施していく必要」があるとか、「多くの人が参加できる仕組みをつくっていくべき」といった内容の記述をしている。

プロセス評価は、政策の実施状況のモニタリングのことを指す。実施状況についての各種データの収集、市政モニターや市民ワークショップからの住民意見の収集、政策担当者らが現場を訪れ現場担当者との質疑応答等を行う「現場視察」といったことが具体的な内容となる。

実施状況のモニタリングの次には、実施した結果について**業績測定**が行われる。業績測定をするためには、業績指標を設定する必要があるが、最終的な成果は行政以外の要因も左右するなど測定が困難な場合が多く、中間成果的な行政活動の指標を設定することが多い。例えば、先の避難訓練の例で考えれば、災害による犠牲者数はそもそも災害が起こらなければわからないし、訓練以外にも多様な要因が関わるため、防災訓練の内容や参加者数、参加者のアンケート結果といった中間成果を業績指標として設定する、ということである。数値

---

[8] 総務省行政評価局では、政策評価ポータルサイト（http://www.soumu.go.jp/main_sosiki/hyouka/seisaku_n/portal/index.html（最終閲覧：2018年11月）を設け、各府省の政策評価関連情報などを一元的に閲覧できるようにしている。

[9] 例えば、評価専担組織としての客観性をいかに担保するかといった点が挙げられている。

目標を設定することで，政策を着実に推進していくことが可能となる。

　中間成果の業績測定だけでは政策評価としては不十分であり，最終的に政策が当初の目的を達成できたのか，という**インパクト評価**が不可欠である。最終的な成果には行政以外の要因も左右する場合が多く，計測には統計的な手法が有効である。第4章で見たようなランダム化比較実験（RCT；Randomized Controlled Trial）や，不連続回帰デザイン（RDD；Regression Discontinuity Design），差分の差分分析（DID；Differences in Differences）といった分析方法は，インパクト評価において有用と考えられる。

　このような定量的な評価に加えて，ワイス（2014）では，近年の評価において**定性的手法**が著しい進展を遂げていることを紹介している。エスノグラフィー，参与観察，インフォーマルインタビュー，フォーカス・グループ，テキスト分析，ケーススタディといった多様な方法があり，定量的なアプローチとそのような定性的なアプローチを組み合わせることを勧めている。

　同書の末尾には，評価を行う際の倫理上の義務が2つの規則に集約されるとして，それは「研究（評価）に関与した人々を傷つけてはならず，収集された情報を歪めてはならないということである。これらの規則は簡単に見えるが，お互いに衝突する」と記されている。政策評価によって，「プログラムに関与する職員の業務成績にひどい悪影響を与え，名声やキャリアを傷つける」リスクや，「立法者はプログラムを終了することの決意を強くする」可能性がある。このようなリスクや可能性は，厳密な政策評価ゆえのものと考えられるが，その政策を担当している人や組織にとっては破滅的なものとなるから，そのような評価は通常避けられると考えるのが自然であろう。ワイスが指摘する2つの規則のどちらかに優先順位を置くことは，いずれ政策評価を無効化することに繋がってしまうであろう。その政策を担当している人や組織が業務を見直したり改善したりして，必要とされる人により良い政策が届けられるような評価のあり方を追求することが重要だと考えられる。

関連質問 —— 考えを深めるために

　公共政策の出発点は「価値」である。例えばある人はきれいな空気を高く評価し，空気を汚す高速自動車道を望まないのに対して，他の人はきれいな空気よりも，高速自動車道を強く望むかもしれない。「価値」は不変のものではなく，教育，豊かさ，技術などに反応して変化する。現代社会から近未来における価値の変化として，どのようなものがありえるか？

リーディングガイド

- ◆宮川公男（2002）『政策科学入門』，東洋経済新報社（第4〜9章）
- ◆秋吉貴雄（2017）『入門　公共政策学』，中公新書
- ◆グレアム・アリソン，フィリップ・ゼリコウ（2016）『決定の本質　第2版Ⅰ・Ⅱ』，日経BP社
- ◆ジョン・キングダン（2017）『アジェンダ・選択肢・公共政策』，勁草書房

第8章
政策科学の展開

8.1 民主主義の政策科学

民主主義の政策科学

　宮川（2002）の最終章では，結びに代えて，「民主主義の政策科学」についての興味深い記述が展開される。

　ラスウェルが，「民主主義の政策科学」はいかにして可能なのか，述べていることを紹介し，「民主主義」と「政策科学」（専門的な政策分析など）は必ずしも両立するものではないことを解説している。たしかに，一般市民による民主的な政策形成が，合理的な政策を導く保証はない。公共的問題は高度で複雑な問題が多く，専門能力を備えた官僚機構や技術的な政策分析への依存が高まりやすい。結果として民主的なプロセスの果たす役割が小さくなると考えられる。

　しかしながら，官僚機構が誤ることもあるし，技術的な政策分析が常に正しいとは言い切れないため，それらへの過度な依存は危険性を伴う。それゆえ，宮川は，現代の複雑な政策決定に専門的な能力や知識が不可欠であることを認めつつ，「専門的知識による民主主義的政治」の可能性を探ることの必要性を訴えている。その上で，現代の公共政策のパラダイムへの懸念を述べている。宮川による現代の公共政策のパラダイムを要約すると次のようになる。

(1) 人々は基本的に利己心にもとづいて行動する。公共的利益とは，個々人の選好が集計されたものである。
(2) ある一部の人々の選好が，他の人々の状態をより悪くすることなく，よりよく充足されるとき，社会は改良されると考える。それは，たいてい

の場合，私的市場による交換で十分である。
(3) 政府による公共政策は，そのような改良を市場よりも効率的に達成しうる場合にのみ適当である。

現実には，多様な価値観や視点をもつ人々がいて，市場や政府のあり方もバリエーションがありえるが，上記の仮定は，中立的で常識的なものと考えられている。このようなパラダイムの代表的な学説として，経済学の純便益最大化理論や，政治学の利益集団政治理論などが挙げられている。

そして，このような現代のパラダイムがもたらす重要な特徴として，「**手段主義**」（Instrumentalism）を挙げている。「社会を構成する個々人の利己心にもとづく選好を調停もしくは集計したものが公共的利益」というパラダイムにおいて，公共政策は「公共的利益の向上を社会の改善として，それを目標とする手段」となってくる。宮川は，ドライツェク（John Dryzek, 1953-）の「手段的合理性」への批判[1]を紹介しつつ，「手段主義」は，民主的審議の重要性を無視するもので，公共政策は「手段的合理性を追求するだけのもの」ではなく，「不十分にしか明確にされていない公衆の願望や懸念に発言の機会を与えるものでなくてはならない」と，サイレントマジョリティーを含めた多様な人が参加することの重要性を述べている。

また，現代の公共政策のパラダイムの根本的な問題として，「**利己心公理**」を挙げている。効用最大化の消費者行動，利潤最大化の企業行動，予算最大化の官僚行動というような利己的な仮定をベースに，多くの経済理論や公共政策論の構築が行われているが，このようなパラダイムは不健全なのではないか，良い公共政策を実現するためには利己心に加えて，**公共心**を位置付けることを考えるべきはないか，と主張を展開している。

---

[1] 「①手段的合理性は人間の結合のもつ適合的，自発的，平等主義的，そして本質的に有意義な側面を破壊する。②手段的合理性は反民主主義的である。③手段的合理性は個人を抑圧する。④手段的合理性およびそれを実現する政治的機構は，複雑な社会問題に直面したときには有効でにない。⑤手段的合理性は有効で適切な政策分析を不可能にする。⑥手段的合理性は不適切で非効率的な社会学の方法を提供する。」（宮川 2002 より）。引用先は，J. S. Dryzek（1990）。

人々が利己的に行動することを前提とした学問，さらには制度やシステムにおいては，人々は益々利己的になる。結果として，厳しい規制や制約が増えて，生活者が生きにくい社会をもたらすのではないか。それは，ドライツェクの「手段的合理性は個人を抑圧する」とか「手段的合理性は人間の結合のもつ適合的，自発的，平等主義的，そして本質的に有意義な側面を破壊する」といった指摘とつながる。

宮川は，実証主義が興隆する現代の社会科学は，客観的な事実や手段が中心で，価値や目的といった倫理的考察に欠けているという認識を示し，「手段主義の根底にある実証主義に対する批判と反省を基礎にした…新しいパラダイムの構築」を訴えている。利己心の重要な役割を認めつつも，「公共心が正当な役割をもって位置づけ」られ，「公共心をもった市民が公共政策決定に役割を果たす」というようなビジョンが示されている。そのようなビジョンと関連して，宮川（2002）には，8章3節「参加的政策分析」がある。

参加型政策分析

法学や経済学などの伝統的な政策分析は，その内容や分析手法の高度化によって，公共政策を専門家のものとしてしまい，市民の理解や参加を促すどころか遠ざけてしまっているのではないか。そのような批判に対応するものとして，参加的政策分析（participatory policy analysis）の試みがある。

宮川（2002）は，参加的政策分析の背景として，「影響を受けるすべての者が政治的発言権を与えられるべきである」というジェファーソン（Thomas Jefferson, 1743-1826）[2]流の民主主義，「民主的社会における基本的要求は，論議，公開討論，説得の方法および条件を改善することである」というデューイ（John Dewey, 1859-1952）の思想，「すべての政治的発言が偏見とかえこひいきなく傾聴されるべきである」というハーバマス（Jurgen Habermas, 1929-）

---

[2] 1776年のアメリカ合衆国「独立宣言」の起草者であり，第3代合衆国大統領。宇野（2013）第7章は，フランス革命およびアメリカ独立に関する政治思想史が内容であり，ジェファーソンについても詳しい記述がある。同書は，古代ギリシャ，ローマから現代に至る西洋政治思想がまとめられており，進んだ学習をしたい方は手にとられると良い。

の理論などを挙げており，長い思索や試行錯誤を経て形作られてきたものであることがうかがわれる。

　参加的政策分析は，公聴会のような名目的なものでもなく，無差別の世論調査のような手段でもなく，市民を含めた政策関係者が共に学びながら具体的な政策を創り上げていく方法と言える。参加的政策分析には，政策分析者へ情報や多様な考え方を提供するものから，ステークホルダーが参加して実際の政策につなげていくものまで様々なタイプがある。

　篠原（2004）は，討議デモクラシーの歴史的経緯や国内外の議論，具体的な展開事例などをまとめた書物で，参加型政策分析と重ねて見ることができる。著名なドイツの社会学者ベック（Ulrich Beck, 1944-2015）が『危険社会』（1986）で指摘したように，進展を続ける科学技術の恩恵により成り立つ我々の生活や社会は，その負の側面として，環境破壊や原子力事故危険など，科学技術のリスクを孕んでいる。そのようなリスクに対して，自らを批判し変革する「再帰性（自己内省性）」が，立ち現れてくる。結果として，大量消費やマスメディアが進んだ近代社会の中で埋もれてきた「市民社会」や「討議デモクラシー」への希求が高まり，現実の試行錯誤に至っているものと見ることができる。

　具体的には，アメリカの討論型世論調査，デンマークのコンセンサス会議，ドイツのプラーヌンクス・ツェレ，イギリスの市民陪審などが挙げられ，さらに篠原（2011）では，アメリンカスピークスによるタウンミーティングの展開，ブラジルのポルト・アレグレ市における参加型予算，カナダのブリティッシュ・コロンビア州における市民議会，EUのヨーロッパ市民コンサルテーション（国境を越えた討議）などが紹介されている。詳細は，それらの書籍をあたっていただくとして，本稿では表8.1にそれら一部の概要をまとめたので，一読いただきたい。

　篠原（2004）終章「市民の条件」では，討議デモクラシーの試行錯誤の先には，「市民のもつ能力の問題」が立ち現れることが述べられ，アメリカの政治学者ダール（Robert Alan Dahl, 1915-2014）による「それなりの市民」という言葉が紹介されている。「公共善を認識してそのために行動するというイメージをもつ古代のよき市民でもなく，また近代的個人主義の上に立ってそれぞれ

表8.1　参加型政策分析，討議デモクラシーの具体的展開

手法（主な国）	概要	成果や活用
討論型世論調査（アメリカ，イギリス等）	無作為抽出された市民150～300人程度に対して，事前にアンケートや情報提供が行われた上で，2泊3日程度の合宿形式でグループ討議や専門家への質疑を行い，終了後にアンケートを行い，態度変容等を分析するもの。合意形成は行わない。	報告書メディア報道等
コンセンサス会議（デンマーク）	無作為抽出して送付した招待状に返事のあった人から約15人程度を選び，準備会合2日程度や本会議4日程度で，専門家への質疑や参加者による討論を踏まえて，参加者自らが合意文書を起草する。	報告書（国会や政府へ提出[3]）メディア報道等
プラーヌンクス・ツェレ（ドイツ）	無作為抽出された25人のメンバーが，4日間にわたり，専門家や利害関係者から情報提供を受けながら，約5名の小グループがメンバーチェンジしつつ討議して，最終的に提案を作成し投票する。	「市民鑑定」を会場で委託者へ提出，メディア報道等
市民陪審（アメリカ，イギリス）	陪審員制度をモデルとした方法で，委任機関があらかじめ選択肢を出して，それに関する意見を求めるケースが多い。無作為層化抽出された12から24名程度が，3から5日間にわたって集中的に会議を行う。	報告は委託された機関に提出。結論が採用されない時は，当該機関はその理由を説明しなければいけない。
タウンミーティング（アメリカ）	アメリカ東部ニューイングランド地方では従来より定期的に住民の直接参加によりタウンの懸案事項を意思決定する機会があったが参加率が低下。近年は，NPOアメリカンスピークスによるIT技術（ネットワーク化されたパソコンや投票用キーパッド等）を使った大規模な討議が重ねられている。	アメリカ東部ニューイングランド地方では立法機関。アメリカンスピークスによるものでは，9.11テロ事件後の再開発計画に影響等。

---

[3] 2000年代半ば以降実施されておらず，2012年にデンマーク技術委員会は民営化されている（北海道大学三上研究室ホームページ記事より）

手法（主な国）	概要	成果や活用
参加型予算（ブラジル，ポルト・アレグレ市）	民衆集会的な会議体を基盤として予算決定を行う。近隣地区での自発的インフォーマルな討議，地域（市を16に分割）単位での集会（行政担当者からの説明，参加者人数に応じた代議員の選定，予算配分先や分野への優先順位の決定，評議員の選定），地域集会の結果を基に市役所で予算案を作成して市全体の評議会に提出，議決する。	市役所の予算配分の基礎的情報の提供および議決。参加者数により近隣地区からの代議員数が決定する仕組みにより，貧困地区への予算配分が大きくなる。
市民議会（カナダ，ブリティッシュ・コロンビア州）	2004年に無作為抽出で160人のメンバーが選出され，①選挙制度についての学習（04年1～3月，週末土日計6回），②公聴会（5～6月，州内50箇所で実施。計363人がプレゼン，計1669通の意見書が提出され，メンバーに共有），③討議（9～12月，週末土日計6回）を行い，最終報告が公表，閉幕後，2005年5月に「単記移譲式」の賛否を問う住民投票を実施した。	中間報告（小中学校や政党，州議会議員や国会議員へ送付等）最終報告（州内各方面に配布）州民投票（賛成57.69%，6割届かず否決）
ヨーロッパ市民コンサルテーション（EU）	欧州委員会の支援のもと，加盟各国から市民が8名ずつランダムに選出され，アジェンダ設定ミーティングを開催。共通のテーマについて各国で市民討議会を開催し，そこで生まれた声を最終的に欧州の世論としてまとめるという「二段階討議」のプロジェクト。	各国でまとめられた報告書，欧州全体の報告書（欧州議会で記者会見，欧州委員会や欧州議会幹部に提出）様々なフォローアップイベント

［篠原（2004），篠原（2011）を参照に筆者作成］

の利益を追求し，その利益追求の予定調和によって公共善が成り立つと考える近代の市民とも違う。現代においては社会の規模の大きさ，問題の複雑さ，マスコミの操作性などを考えると，完全な判断のできる市民を期待することは困難である」として，「あまり完全性をもとめない」「それなりの市民」という見方を提示している。篠原は，ダールの考え方の背景には，「市民」への期待があることを解説した上で，そのような市民の可能性を引き出すような状況をいかにつくるのかという問題がある，と述べている。

公共政策分野では，これまでも「市民」への期待が多く語られ，現実にも多様な参加的政策分析や討議デモクラシーの蓄積がある。しかしながら，1990年代からの多様な試みを，一般化したと見ることは難しく，ごく一部の先駆的な取り組みと位置づけるのが現実的であろう。大多数の人々は日々の仕事や生活に追われている。政策のことを考えたり，イベントや集会に参加したり，自分から活動したり，といったアクティブな「市民」は少ないものと思われる。

表 8.1 に示したカナダ，ブリティッシュ・コロンビア州の市民議会のメンバー選出プロセスにおいても，無作為抽出された約 2 万 3 千人の有権者に送付した参加依頼に回答したのは 1715 人，メンバー選出のミーティングに実際に参加したのは 964 人であり，「市民」を追求することの困難が見られている。

次節からは，宮川『政策科学入門』からはみ出す内容となるが，しかし避けては通れない市民という問題について，今少し掘り下げて，最近の哲学的な議論を見ていく。

8.2 大衆社会論と情報社会論

大衆社会論

宮川（2002）の「公共心をもった市民」について，大衆社会論や関連する研究から知見を加えてみたい。スペインの哲学者オルテガ・イ・ガセット（Ortega y Gasset, 1883-1955）は，主著『大衆の反逆』(1929) の冒頭で次のように述べている。

「そのことの善し悪しは別として，今日のヨーロッパ社会において最も重

要な1つの事実がある。それは，大衆が完全な社会的権力の座に登ったという事実である。」

そして，大衆については，例えば，次のような説明がある。

「人間を最も根本的に分類すれば，次の2つのタイプに分けることができる。第一は，自らに多くを求め，進んで困難と義務を負わんとする人々であり，第二は，自分に対してなんらの特別な要求を持たない人々，生きるということが自分の既存の姿の瞬間的連続以外のなにものでもなく，自己実現への努力をしない人々，つまり風のまにまに漂う浮標のような人々である。」

このように大衆の特徴を様々に挙げながら議論が展開されていく。およそ100年前のヨーロッパにおける大衆社会をめぐる議論を，あらためて読解して，今日のわが国の状況の分析に応用した研究者がいる。

京都大学教授で内閣官房参与を務めた藤井聡（1968-）は，政府の国土強靭化政策を先導したり，リニア新幹線整備や消費増税批判など幅広く社会的発言を行ったりするなどの活動と同時に，交通計画や社会心理学，さらには社会哲学など幅広い研究や著述で活躍している。

藤井氏は，大衆社会論はじめ社会哲学に造詣が深く，社会心理学的アプローチを組み合わせながら『大衆社会の処方箋』（藤井・羽鳥 2014）を著している。「民主主義の政策科学」と関連するところが大きく，以下にその概要を紹介する。

オルテガの大衆概念の特徴は，体面的な階層論ではなく，心理的特徴に着目していることである。その心理的特徴として，傲慢性と自己閉塞性が挙げられている。**傲慢性**は，「ものの道理や背後関係はさておき，とにかく自分自身には様々な能力が携わっており，自分の望み通りに物事が進むであろうと盲信する傾向」と定義され，**自己閉塞性**は，「外部環境から自己を閉ざし，外部環境との紐帯やその中での種々の責務を忌避する傾向」と定義されている。

藤井は，オルテガの『大衆の反逆』の大衆人を説明する文言を抜き出して，大衆性を計測する質問項目を作成し，さらに，社会心理学の先行研究から，利

他（正義や公平等）や利己（富や権力等），変化（興味や刺激等）や伝統（忠誠や従順等）といった社会的価値や，将来価値（目先のことと将来のことの対比等）の質問項目を加えた質問紙調査を実施して，統計的分析を行った。さらに，ごみのポイ捨てや景観など社会問題をいくつか提示して賛否をたずねたり，大衆性の傾向からグループを分けて賛否の分かれるテーマについて議論をしてもらい，その様子を観察して分析したりしている。

詳細は文献を見ていただくとして，ここでは結果の要点だけを書き出すと，調査で大衆性が高い回答をした人（大衆人）には，下記のような傾向が見られている。

・大衆人は，利己価値を重視し，利他価値や伝統価値，将来価値を軽視する。
・大衆人は，行政に対する不信や否定傾向が強い。
・大衆人同士や大衆-非大衆人間では議論前後の意見変化は少ないが，非大衆人同士だと意見変化が多くなる。

このような傾向を持つ「大衆人」による支配の進展は，近視眼的な政策や伝統的なルールの破壊，政府への非協力などをもたらすであろう，と考察をしている。大衆人を交えると，双方の主張などのメリット・デメリットを踏まえて総合的な判断をするような歩み寄るタイプの議論が困難になるという分析結果は，大衆社会における民主的討議の困難性を示唆するものと言えよう。

藤井は，近代の哲学者の言説をたどりながら，大衆社会の起源を考え，そこから現代社会における対応策を考えている。図8.1は，藤井ら（2014）第3部のキーワードや出典を筆者なりに図化したものである。

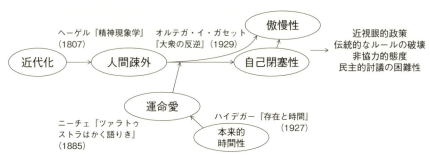

図 8.1 近代哲学と大衆社会論，非協力性とその回避について

まず，ドイツの哲学者ヘーゲル（Georg Wilhelm Friedrich Hegel, 1770-1831）の『精神現象学』[4]（1807）の中からより，「**人間疎外**」という概念が紹介される。それは，人々が自由を自覚していき，共同体的束縛から解放されていくと，孤独になっていく，というものである。

藤井らが，その程度を測る尺度を開発・計測して，大衆尺度との関連を分析したところ，「人間疎外」の程度が高いほど，自己閉塞性や傲慢性の一部が高まる傾向が確認されている。大衆性の起源が，近代化に伴う共同体的束縛からの解放がもたらす「人間疎外」という精神的状況にあるのではないかという主張を裏付けるものとなっている。

次に，ドイツの哲学者ニーチェ（Friedrich Wilhelm Nietzsche, 1844-1900）の『ツァラトゥストラはかく語りき』（1885）[5] より，「**運命愛**」という概念が紹介される。同書は，「神は死んだ」という記述に代表されるように，死後の彼岸に重きをおく宗教的世界観から，現世の生に重きをおく実存主義的な世界観を表したものとされる。「運命愛」という表現は見慣れないものであるが，わかりやすく言い換えると，自身の人生に立ち現れる物事を肯定すること，となる。

ニーチェの著書における関連箇所から，「運命愛」を測定する尺度を構築し，「人間疎外」の尺度との関連を分析すると，「運命愛」が高い人ほど「人間疎外」の程度が低い傾向が見出されている。現代社会において伝統的な共同体が失われているとしても，我々は，親戚家族や地域，職場や学校など多様な共同体を持っており，そのような現代的な共同体との関わり合いが豊かで社交的な人ほど，自己閉塞性や傲慢性が低くなるものと考えられる。

それから，ドイツの哲学者ハイデガー（Martin Heidegger, 1889-1976）の

---

[4] 矛盾する事柄を，統一・総合することによって，高い次元の結論へ導く「弁証法」で良く知られる。人間の意識の成長段階から「理性」を導き，その課題としての「疎外」に対して，教養や信仰，道徳，良心，宗教などが論じられる。

[5] 新潮文庫附録に「各章にはさまざまなテーマが交錯して，前後たがいに照応しながら，それが有機的な物語りの中に織り込まれて発展していく」とある様に難解な作品である。「末人」「永劫回帰」「高人」といった思想的主題が挙げられ，田中（2015）にわかりやすい図解がされている。

『存在と時間』(1927)[6] より，「**本来的時間性**」という概念を説明している。それは，「死」への実感が，生き方に関する根本的な認識に及ぼす影響と言い換えることができる。人はいずれ死によって終焉するものであるという強い実感が，自分の人生が今この時代にあることは避けようがない「運命」のようなものであるという認識につながる。「死」への実感は，自分の人生やその周りの環境と向き合い，それを大事にすることにつながるものと言える。

　ここまでを振り返ろう。近代化がもたらす「人間疎外」という心理的状況が，「自己閉塞性」や「傲慢性」という大衆人の心理的特性をもたらし，近視眼的な政策，政府への非協力，民主的討議の困難性といった状況をもたらしていると考えられる。現代社会にも，家族や地域，組織や国家といった多様な共同体があるが，それに前向きで協力的な人と，無気力で非協力的な人の違いは何か，と考えれば，それは，自らの境遇や環境を受け入れ，それを愛することができるかどうか，という「運命愛」がキー概念になるのではないか。そして，その「運命愛」について，根源的に考えていくと，それはハイデガーの言う「本来的時間性」や，「死」の実感に至る，というものであった。

　藤井（2014）は，第4部「大衆社会の処方箋」で，大衆性を低減させるの方策を検討し，心理的アプローチに着目して，「運命焦点化」「独立確保」「活物同期」の3点を主張している。

　「運命焦点化」は，上述の論旨展開からの「死」と向き合うことを述べたものである。例えば，お墓参りをすること，身近な人の葬儀や偲ぶ会に参列すること，「死」の描写を含んだ書物や映画などを鑑賞すること。家族や友人と二度と会えなくなるかもしれないと想念すること，災害や事故などの具体的な危機の想起や理解などを挙げている。

　「独立確保」は，「マクドナルド化」「マニュアル的行動」といった全体主義的な潮流を避け，自律的なものの考え方や行動をすることである。「マクドナルド化」とは，アメリカの社会学者リッツァ（George Ritzer, 1940-）が名付けたもので，マクドナルドの効率化や合理化の経営のあり方が，現代社会のあ

---

[6] 田中（2015）では，「現存在」「世界―内―存在」「世人」「被投性」「死への存在」といった用語について図解による説明がなされている。

らゆる場所に浸透していることを指摘したものである。対比するものとして「スローフード」がある。それは，利便性やコストなどデメリットが伴うものの，健康や地産地消などメリットも多く，我々はそれを選択することが可能である。

最後の「活物同期」は，活力ある共同体に参加することや，自然という活物と触れ合う機会を作ることを促すもので，さらに大衆性が低かった過去や伝統に触れたり想起したりすることにも触れられている。山や海で遊ぶ中で，思い通りにならない自然の厳しさに学ぶこと，社交を通じて他人への気配りをしたり多様な考え方に触れたりすること，さらに視野を広げて歴史の経験や教訓に学ぶ，といったことが挙げられている。

藤井（2014）は，学術的で専門的な用語が多く，また扱う内容も幅引く難解に感じる読者もあろうが，その内容を嚙み砕いて書くと上記のような内容であり，市民や民主的討議のあり方に示唆を与えるものとご理解いただけよう。

情報社会論

宮川『政策科学入門』が問う市民や民主主義のあり方について，「大衆社会論」に加えて，急速に進んだ「情報化」が社会にもたらす影響も，重要な論点と考えられる。

本節では，作家・思想家で，2000年代に国際大学 GLOCOM（グローバルコミュニケーションセンター）の ised（情報社会の倫理と設計についての学際的研究）を主催し，情報社会論にも詳しい東浩紀氏の『一般意志 2.0』を取り上げる。

同書は次の序文からはじまる。

「本書は，情報技術が民主主義を実現すると主張する書物ではない。そうではなく，情報技術が張り巡らされた社会の出現は，むしろ民主主義そのものを変えてしまう，政治や統治のイメージそのものを変えてしまうと主張する書物なのである。」

そして，「本書は民主主義の可能性を論じた本である。そしてまたルソーを

読解する本でもある」と続く。情報技術，民主主義の可能性を論じるために，フランスの哲学者ルソー（Jean-Jacques Rousseau, 1712-1778）の主張した「**一般意志**」という概念を用いた考察を展開している。

さて，この「一般意志」は，特殊な用語で，必ずしも世の中で広く受け入れられてきたわけではない。同書によると，市民が集まって討議して作り出す「全体意志」は必ずしも正しいとは限らないが，「一般意志」は常に正しいもので，それは自然とどこかに存在しているものである。

複数人が集まって議論をすることで正解に近づく可能性もあるが，正解にたどり着けない可能性もある。複数人が集まって議論することとは関係なく，そもそもどこかに正解はある。複数人が集まって議論した結果たどりついた結論が「全体意志」，そもそもどこかにある正解が「一般意志」ということになる。

ドイツのアーレント（Hannah Arendt, 1906-1975）の政治哲学や，ハーバーマス（Jürgen Habermas, 1929-）の『公共性の構造転換』に代表されるように，第2次世界大戦後，**熟議**による民主主義の理想が語られ，それが普及してきた。前節で記した参加型政策分析もその系譜に位置付けられるが，実験的な段階にとどまっている。現実には，思想や文化，社会階層や生活様式といった前提が異なり，熟議が成立しないことも多くある。

それに対して，東は，「コミュニケーションの外部にある政治」というイメージを示している。大半の政策問題は，会合で出す飲物（冷たいお茶か暖かいコーヒーか，複数用意するか）のようなもので，議論を交わし合意を形成するようなものではない。出席者の好み（特殊意志）はあらかじめ確定しており，スタッフ（政府）がやるべきなのはその解（一般意志）を探ることである，というようなものである。

熟議の不可能性という問題に対して，情報技術による「一般意志」への接近が，東の主張する「一般意志2.0」である。twitterやinstagramなどのSNS, googleやamazonなどをはじめとした様々な情報サービスに，膨大な人々の意識や行動が，日々アップデートされ続けている。

そして，東は，オーストリアの精神分析学者フロイト（Sigmund Freud, 1856-1939）を引き合いに，「**無意識**」という概念を持ち出している。それは，

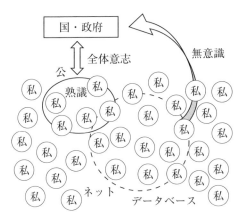

図 8.2　一般意志 2.0 のイメージ

「人間は自分の信じるほどには自分のことを理解することができない」ので，「自己の欲望を知るためには，他者の，すなわち精神分析医の介入（夢の分析など）が必要になる」というものである。ネット上の「便所の落書き」のような人々の書き込みは，そのままでは直接政治的に利用することができないかもしれないが，人々の「無意識」の発露と見れば，それを分析したり可視化したりすることに，政治的な利用可能性が見出される。

　東は，従来の「全体意志」アプローチに，情報技術を用いて大衆の「無意識」を可視化して国や政府に届けるという補助的なアプローチを加えることで，「一般意志」に近づく可能性を主張した。具体的には，国の会議をネット中継して，一般市民がそこにアクセスして自由にコメントをする。それらは会議の現場にリアルタイムで届けられ，政策担当者や国会議員らはそのような開かれた市民からのインプットに常時触れながら，また必要な場合はそれを反映しながら，調整や検討などを行い，最終的な政策立案に至る，というようなイメージを提示した。

　「未来の統治は，大衆の無意識を排除するのではなく，かといってその無意識に盲目的に従うのでもなく，情報技術を用いて無意識を可視化したうえで，その制御を志すものとなるべきである」とも書いており，ネット上の膨大な無意識的情報に，政策情報としての可能性を見出している。

東は，2017年に『観光客の哲学』を著し，ここまでの記述への更なる洞察を見ることができるため，少し書き出したい。

同書は，「観光」と「家族」というキーワードから，相次ぐテロ事件，国際関係の緊張，大衆社会批判（古き良き人間の復活）の不可能性，格差の拡大，といった現代社会の困難な問題を乗り越えるための思考的枠組みを検討している哲学書である。

東は，「**観光**」の持つ，ふらっと立ち寄って知らない人とのコミュニケーションを楽しむ，という偶然のもつ可能性に着目しており，ネットワークのつなぎかえ（**誤配**）が，富や権力の集中を組み替えたり，「一般意志」をもたらしたりする可能性などを示唆している。藤井が『大衆社会の処方箋』で挙げた「活物同期」や「独立確保」も，「観光」という概念と接近するものであろう。

『一般意志2.0』で可能性を論じていた情報社会については，「虚構で毒を吐き続けていれば，やがて現実にも影響を及ぼす」ような「不気味なもの」という認識の後退を記している。そのような人間が持つ不気味さに対して，「**家族**」という概念を持ち出している。東は，様々な偶然が重なり生まれた子どもには，はじめ人格がないが，それを愛して育てていくという「家族」のメカニズムに着目し，家族以外の地域や組織，国や文化といったあらゆることにも，「家族」のようなメカニズムがよりどころとなる可能性を考察している。

宮川（2002）では，市場システムと公共システム以外にも，家族・友人・帰属組織・ボランティア・慈善団体等が，市民ニーズを充足していることを示している。藤井や東の思索をたどることで，「家族」をめぐる思想にまで議論が到達したことは興味深いことである。公共政策の問題を考えていくと，専門的な政策分析にとどまらず，政策プロセスを考える必要があるし，そもそも社会を構成する市民の態度や思想のあり方にまで考察が及ぶ。

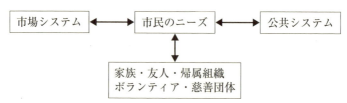

図8.3 市民ニーズの充足（宮川2002より）

8.3　政策情報論のイメージ

　民主主義と政策科学の良好な関係を目指す参加的政策分析の試みがある一方，前節で見てきた大衆社会論や情報社会論の展開を踏まえると，公共心を持った市民による民主的討議の不可能性という現実も見えてくる。大衆性の高い非協力的な市民，あるいは，そこから進めて，篠原の言う「それなりの市民」を前提とした見通しを探索することが，より実態に即したアプローチになるものと考えられる。その可能性の1つとして，「デザイン思考」を取り上げて，政策科学の未来を考えてみたい。

デザイン思考

　「デザイン思考」には，多様な定義や解説があるものと考えられるが，本節では，アメリカのデザインコンサルタント会社 IDEO の CEO ティム・ブラウン（Tim Brown, 1962-）の『デザイン思考が世界を変える』（2010）を取り上げる。

　冒頭「産業革命の負の側面」として，環境汚染や気候変動，大量消費や無駄遣いの文化，災害リスクの上昇，コモディティ化（汎用品化）といった社会課題を挙げ，持続可能性を高めるために「デザイン思考」が有用だと述べる。

　ティム・ブラウンが書き出す「デザイン思考」とは何か，要点と思われるポイントを書き出していく。

　「デザイン思考」は，完成済みのアイデアをより魅力的にする装飾的な意味での「デザイン」と区別され，斬新なアイディアを生み出すような戦略的な思考プロセスと位置付けられている。

　その方法論として，まず，選択肢の幅を広げようとする「発散的思考」が挙げられる。プロセスの最後には「収束的思考」で意思決定することが求められるが，プロセスの初期には新しい方向性を探り，予期せぬアイディアを生み出すことが期待される[7]。

　そのようなユニークなアイディアを生み出していく上で，**「人間中心のアプローチ」**が尊重されている。現場におもむき実際に観察する。人々のすること

（しないこと）に目を向け，言うこと（言わないこと）に耳を傾ける。自ら経験してみる。人々の行動を深く観察する中で，ニーズの核心を摑み，それを新しいサービスや製品の開発につなげていく，という姿勢が「デザイン思考」のベースとなっている。

そのようにして生み出されたアイディアに対して，**「プロトタイピング」**が行われる。実際に手を動かして作ってみて，考えるというプロセスである。初期には，ラフで安上がりなスケッチや模型，シナリオやショートムービーなど作ったりコミュニケーションしたりする過程で，アイディアの具体化や新たなアイディアの着想が得られていく。最終段階では，完成度の高い試作品を作り，利用対象者からフィードバックを得て実装されていく。このような実験的なプロセスを通じて，新しいアイディアの実現可能性が実証されていく。

また，「消費者のために創る」というスタイルから，コラボレーションの度合いが増し，クライアントや消費者と「共に創る」というモデルへと進化をしていることが記述されている。IDEO でも，組織の外に目を向けて，顧客やパートナー，専門家や熱狂的なファンといった極端な利用者との共同制作という形態を取ることがあるそうだ。

IDEO では世界中に 700 以上の顧客を抱えて，数多くのプロジェクトを行ってきている。『デザイン思考が世界を変える』にも様々な事例が紹介されているが，中には政府の省庁がクライアントとなっている案件も紹介されている。

例えば，アメリカ運輸保安局（TSA）から，9.11 アメリカ同時多発テロ事件以降，強化せざるをえなくなった空港でのセキュリティチェックの問題への取り組みがある。空港の保安検査場は，長い行列をまったり，靴やベルトなどを脱いだり，何かを没収されたり，ストレスが多いものである。IDEO の観察によると，乗客は，その不透明な手続きにより，不安で反抗的で非協力的になっており，セキュリティ担当者は，台本どおりの役割に徹することで，威嚇的で無愛想な印象を与えていた。

---

[7] 発散的思考について，アメリカの化学者でノーベル賞受賞者のライナス・ポーリングの「よいアイディアを手に入れる最良の方法は，多くのアイディアを手に入れることだ」という言葉が紹介されている。

このような対立的な雰囲気を解消するために，乗客がその後の流れを詳しく理解できるような情報ディスプレイや空間レイアウトをデザインし，セキュリティ担当者が柔軟かつ厳密な対応ができるような研修プログラムを用意する，という IDEO らしい「人間中心」の提案を行っている．さらに，実際に，ボルチモア・ワシントン国際空港に実動プロトタイプを投入するという「プロトタイピング」も行なっている．

その後も，TSA では検討を継続しており，登録申請した特定の利用者に対する TSA Pre（事前審査プログラム）の導入により，すばやく通過できる専用レーンが設置されるなどの取り組みがなされているようである．

ワークショップデザイン

このような「デザイン思考」の取り組みへの具体的な方法として，本書第4章でも触れた「ワークショップ」がある．近年，企業や政策現場でも「ワークショップ」が多用されている．

企業の企画や広告の支援で活躍する中西紹一氏は，編著書『ワークショップ』(2006)で，ワークショップというと，個人の能力開発や意識変革を促すようなタイプのものや，まちづくりなどにおける合意形成を目的とするタイプのものがイメージされるが，ある対象やテーマに対して，既存のものの見方から離れて，新たな視点を獲得するようなものが出てきており，その社会的ニーズが増してきていることを指摘している．それは，ティム・ブラウンが言う「新しい方向性を探り，予期せぬアイディアを生み出す」という内容と重なってくる．

同書には，「オブザベーション・リサーチ・ワークショップ」という，人々が意識的，無意識的に行なっている事実や新しい行為を拾い出して，潜在的なニーズをすくい取り，アイデアを創出していく，というアプローチが示されている．ワークショップにおいても，デザイン思考的な「観察」が位置付けられている．

ワークショップを用いたサービス開発等に取り組む教育工学者，安斎勇樹氏は，著書『協創の場のデザイン』(2014)で，ワークショップの実施方法や実際の事例を紹介している．安斎は，ワークショップデザインとして，「非日常性」

や「固定観念を揺さぶる」ことの重要性やそのための工夫を述べている。普段とは違った空間で，普段会わないような他者と活動したり議論したりする，という「非日常性」が，それまで無自覚だった日常を相対化することにつながるし，さらに，視点を変えたり，一見関係ないものと関連づけるような「固定観念をゆさぶる」工夫をすることで，ユニークな創造的なアイディアに結びつく可能性を示唆している。

同書には，前述の中西によるワークショップの事例紹介がある。「地味なモナカアイスをブレイクさせるには？ を考える」というテーマで，表8.2のような内容となっている。モナカアイスの「最中」に着目する，という「固定観念へのゆさぶり」をかけることで，アイスから離れて，「割れる」とか「ひとくちサイズ」といったアイデアが生まれてきたそうだ。

ここで，IDEOの箇所で紹介した空港でのセキュリティチェックの問題を見直すと，新しい機材の開発や検査員の増強といった，検査そのものの改善に目が行きがちなところを，利用者への情報提供のあり方や検査員の訓練プログラムによる対応改善といった利用者の視点からの解決策が提案されていたことが，ユニークなポイントであったことに気づかされる。ワークショップにおける「固定観念」にゆさぶりをかける工夫とは，そのような新たな課題解決のアイデアに結びつくことを狙ったもので，公共政策問題への応用も期待されよう。

表8.2 ワークショッププログラムイメージ（安斎2014より）

概要	活動内容	補足
導入	・趣旨説明 ・ふだん食べているアイスについて共有	・アイスブレイク
知る活動	・最中の歴史の講義 ・和菓子の最中を観察する ・最中とモナカアイスを食べ比べる	・「固定観念」へゆさぶり ・参加者の思い込みを壊す
創る活動	・モナカアイスをブレイクさせるアイデアを考える	・参加者が自由にアイデアを考える
まとめ	・アイデアを発表する	・企画者の想定を超えるようなアイデアを目指す

政策情報論のイメージ

　ラスウェルは，政策科学の方法多様性について，コンテクストマッピング法，発展的構造，プロトタイプ法，コンピュータシミュレーション，参加者観察法という5つの方法を挙げていた（表6.1）。『政策分析技法の展開』（佐藤2008）を記したかつての筆者には突拍子もない脈絡ないもののようにも見えて理解が難しかった。しかしながら，その後，およそ10年の研究教育活動を通じた今の筆者には，共感をもって理解できるようになってきた。

　工学的な政策シミュレーション，量的な質問紙調査，質的なインタビュー調査，ワークショップを用いた課題解決アイデアづくり，経済系の実証分析といった，筆者が接してきたが，別々に進展してきた研究教育活動は，すべて政策科学の方法の一部であった。

　筆者は，ラスウェルが提示した政策科学の方法多様性を現代的に捉え直すことを，「政策情報論」と定義したい。それは，「科学」という専門性や細分化を基調とするアプローチから，「情報」を媒介とした市民との共創を基調とするアプローチへのシフトを示唆するものである。各地で，あるいは各国で，その場所にあった多様な形で，気楽で自由でデザイン思考的な参加的政策分析がゆるやかに広がっていくことを期待したい。

　様々なタイプの市民や専門家，政策担当者やビジネスマンなどが集う「非日常的」で「固定観点」がゆさぶられるようなワークショップ。ワイドショーで取り上げられるような流行りの社会問題から，あまり取り上げられていないが重要な課題まで，背景となる歴史やコンテクスト，社会的構造を学んだり，専門的なリサーチやシミュレーションが紹介されたりする，知的に楽しい場所。TEDのようなイメージでアーカイブされて，その場に参加できない人がいつでもどこでも学ぶことができ，ウェビナー（Webinar）[8]のようにネットから参加することもできる。勉強するだけではなく，自分の生活との関わりや課題を書き出したり，その解決策を行政担当者やその日集まった人たちとともに考えたりしていく。当日の議論は，後日，詳細に分析され，一人一人の発言を活

---

[8] ウェブ（Web）とセミナー（Seminar）を組み合わせた造語。実施者と参加者間での対話ができたり，過程を録画した動画が公開される場合がある。

第 8 章　政策科学の展開

用した政策立案がなされていく。そのようなワークショップを通じて生成された政策アイデアは，時々に実験的に試みられ，成果が上がった政策は，より本格的に展開されていく。本書の執筆を通じて，そのような未来の可能性を書き出してみたが，それはわが国よりも海外での進展が先取られるようにも思われる。

その一例としてニュージーランドで見聞きしたことを付記したい。2011年2月のカンタベリー地震後，ニュージーランドのクライストチャーチ市役所は，復興計画立案のため，大規模な意見聴取プロジェクト"Share An Idea"を実施した。ウェブサイト，付箋，アンケート，子どもたちの絵，ワークショップ，ビデオや電話のメッセージなど，多様な形式のアイディアが10万6千件（当時の市人口はおよそ37万人）集まるという，かつてない盛り上がりを見せ，世界的にも最も大規模な住民参加プロジェクトの1つとされている。この膨大な市民のアイデアは，国内の共同プロジェクトチームによりわずか8週間で分析が行われ，復興計画の草稿に盛り込まれることになったそうである。

筆者らは2017年夏にニュージーランド，クライストチャーチ市を訪ね，市役所担当者や復興計画に携わった専門家にヒアリングする機会を得た。復興計画づくりに限らず，平時から市民参加が盛んであり，意見聴取の分析が行われていることを教えていただいた。さらに，現地の日本人に話を聞くと，小学校から，自分の意見を言うことや，他人の意見を聞いて話し合うことが重視されており，日本の教育との違いが大きいことが，活発な市民参加の背景として語られた。

東日本大震災被災地と同様に復興には時間を要していたが，壊れた建物の跡地をアートで飾ったり，コンテナを改造してオシャレなカフェやアパレルショップが出来ていたり，子ども向けの公園がいち早く整備されている様子を見て，似てはいるのだが，なにか本質的と思われる雰囲気の差を感じた。

今後，国際調査を展開していくことなどを通じて，政策情報論のイメージを確かなものにしていきたい。

8.3 政策情報論のイメージ

図 8.4　Share An Idea プロジェクトのイメージ[9]

図 8.5　クライストチャーチ市内の様子（2017 年 8 月　筆者撮影）

関連質問 ── 考えを深めるために

次の質問に回答してみながら，あなた自身の大衆性を考えてみてください。

	全くそうは思わない	そうは思わない	どちらとも言えない	そう思う	非常にそう思う
人は人，自分は自分，だと思う	1	2	3	4	5
"ものの道理"には，あまり興味がない	1	2	3	4	5
道徳や倫理などというものから自由に生きていたいと思う	1	2	3	4	5
自分は進んで義務や困難を負うほうだ	5	4	3	2	1

　これは，藤井（2014）で開発された大衆尺度を計測するための質問の一部である。合計点が高いほど大衆性が高いと判定されるものである。

リーディングガイド

- ◆ 宮川公男（2002）『政策科学入門』，東洋経済新報社（第10章）
- ◆ 篠原一（2004）『市民の政治学』，岩波新書
- ◆ 東浩紀（2011）『一般意志2.0 ── ルソー，フロイト，グーグル』，講談社
- ◆ ティム・ブラウン（2010）『デザイン思考が世界を変える ── イノベーションを導く新しい考え方』ハヤカワ新書juice，早川書房

---

[9] QSR社ホームページ（http://download.qsrinternational.com/Document/Website/JP/The-role-of-NVivo-in-the-plan-to-rebuild-Christchurchs-Central-City-Japanese.pdf，http://www.qsrinternational.com/nvivo/case-studies/nvivo-christchurch-rebuild），クライストチャーチ市役所ホームページ（https://www.ccc.govt.nz/the-council/plans-strategies-policies-and-bylaws/share-an-idea/）より作成。いずれも最終閲覧2018年11月。

第9章
政策リサーチ案を作る

　第9章では，第6章から第8章まで見てきた「政策科学」を前提としつつ，自ら「政策リサーチ」案を作る，という演習的なフェーズに入っていく。日々の生活の中で「政策」に関連することは無数にある。自分が興味や関心のある問題をテーマにリサーチ案を作ることを通じて，「政策」の学びが身近なものに変わっていくことを期待している。

　第9章は，伊藤修一郎氏の『政策リサーチ入門』をベースに，筆者が講義や演習で作成・入手した資料を組み合わせながら作成したものである。同書は，初学者や大学院生，実務家や市民・NPO関係者など幅広い読者を対象にした政策研究の方法論を学ぶためのテキストである。これから「政策」に関連した卒業研究や大学院進学等を検討されている方や，より進んだ学習をしたい方は，手に取られて，詳細を学習することが望ましい。

9.1 仮説探索・検証型の政策リサーチ

政策リサーチとは何か

　政策科学を学ぶと，その視座の広がりに目を奪われ，ダイナミックな政策プロセスや，その背景としての社会文化の構造分析などに関心が広がっていく。一方で，複雑高度化する現実の政策課題に対して，抽象的な解釈論や政治的なプロセスの議論にとどまらず，客観的な理解や科学的な評価が必要となってくる，という2つの知識の更なる追求の必要性を認識することとなる。

　伊藤（2011）冒頭では，「政策案を策定するための基礎となる知識を生み出す営み，および，その力を養うための実践的教育訓練」と政策リサーチを定義している。伊藤は，学生から実務家や市民まで多様な人々を対象に，「因果関係を探求する仮説検証型の方法論」を丁寧に紹介している。社会問題の原因を

探ったり，対策の効果を明らかにしたりすることが，政策形成の基礎であり，そのためには仮説検証型の方法論が有用である，という主張がなされている。

仮説検証型の方法論の特徴として，「自分たちが原因だと考えているものが，本当に問題を引き起こしている」のか，という問いかけがある。それが思い込みである可能性，背後に隠れた真の原因を見逃しているかもしれない可能性，原因を見誤って対策を立てればさらに問題を悪化させる可能性，などを考えていくと，客観的な理解や科学的な評価を目指す「政策リサーチ」の重要性が浮かび上がってくる。

ラスウェルの『政策科学試論』では，「of」の知識（≒政策分析）と，「in」の知識（≒政策プロセス）という2つの知識という見方が提示された。伊藤の「政策リサーチ」は，「of」の知識に限定するものではなく，「in」の知識も対象として考えられている。政策プロセスの研究も，政策が決定された，あるいはされなかった原因を探るものであり，「仮説検証」の方法論が有効である。

この「仮説」は，予め与えられるものでもなく，システマティックに導かれるものでもなく，情報収集を重ねながら，実際に現地で経験したり調査したり，意見交換や考察を続ける中で，試行錯誤して探し出すものであり，「仮説探索・検証」という表現がより適切と考えられる。

▌仮説探索・検証のイメージ

さて，「仮説探索・検証」とは，具体的にどのような方法論であるのか，ロバート・パットナム（Robert Putnam, 1940-）の著作を紹介しながら，そのイメージを書き出してみたい。

著名な政治学者であるパットナムは，長くハーバード大学教授を務め，イタリアの市民的伝統を扱った『哲学する民主主義』（R. パットナム 2001，原著は1994年に刊行），アメリカのコミュニティを扱った『孤独なボウリング』（R. パットナム 2006，原著は2001年に刊行）などの書物を著し，広く反響を集めたことで知られる。

『哲学する民主主義』は，20年を超えるイタリアの地方自治を対象とした複数のタイプの社会調査をベースに，民主主義が機能する条件を探索したもので，「仮説探索・検証」型の研究の到達点の1つと言える。

書籍の執筆には，社会科学の様々な方法論の手法を用いた複数の調査が用いられている。巻末資料によると，州会議員調査（1970年，1976年，1981-81年と3度にわたり，200名前後の議員を対象とした面接調査を実施），地域リーダー調査（1976年に115名，1981-82年に118名，1989年に198名のジャーナリスト，市長，利益集団リーダー，県代表，州役人，政治リーダーらを対象とした面接調査を実施），一般人調査（1977年，1981年，1982年，1988年に全国大の一般市民約2000人を対象としたパネル調査を実施，EUが実施したユーロバロメーター調査なども利用），制度的／政治的事例研究（1976年から1989年にかけて6つの州を定期的に訪れ，政治・経済関係首脳らと面会したり親しく接して内輪の情報を得たり，地元紙や州議会の議事録を収集），立法の分析（1970年から1984年にかけてのすべての州の立法を検討），州の計画立案の事例研究（市民ニーズ→政府→実施→社会的影響の枠組みで，インタビューや多数の文書情報，統計情報を収集），市民接触の実験（州民が寄せる情報請求への各州庁の対処をモニタリング）と多岐に渡っている。

イタリアでは，千年以上にわたり強大な都市による支配，地域主義的な政治文化が育まれて来たが，1861年に統一国家が生まれ，中央集権的な統治が進められた。しかしながら，ファシズム政権の誕生や，第2次世界大戦，戦後の経済成長などを経て，中央集権化への反発が強まり，1970年代に州政府が創設され，権限・財源・人員が移譲され，大幅な地方分権が進められた。

パットナムは，各州政府の民主的諸制度のパフォーマンスを測定するために，政策過程，政策決定の内容，政策執行の3つの観点から，指標を検討した。政策過程については，(1)内閣の安定性，(2)予算の迅速さ，(3)統計情報サービス，を挙げている。政策決定の内容については，(4)改革立法，(5)立法でのイノベーション，を挙げている。政策執行については，(6)保育所，(7)家庭医制度，(8)産業政策の手段，(9)農業支出の規模，(10)地域保健機構の支出，(11)住宅・土地開発，が挙げられた。さらに，市民の立場から見た州政府への評価として，(12)官僚の応答性，が挙げられている。これら12の指標をベースに，「制度的パフォーマンス」指数が作成された。

作成された「制度的パフォーマンス」は，北部で高く，南部で低い傾向が見られた。その原因として，まず，経済発展を挙げて，検討している。「経済発

展の水準は，非経済的要因を考慮してみても，政治的民主主義に顕著な影響を与えている。…国民総生産はそれを説明する有力な変数である」と論じている先行研究などが紹介されている。

　パットナムは，1970-77 年の 1 人あたり国民所得，州内総生産，農業・工業労働人口比，農業・工業付加価値比を用いて統計的に生成した指数「経済的近代性」と「制度的パフォーマンス」の相関関係をチェックした。20 州全体としてみると相関関係（相関係数＝0.77）を見ることができるのだが，経済的近代性やパフォーマンスが高い州と低い州の大きく 2 群に分かれてプロットされるので，それぞれの郡内で分けて見ると，その相関係数はほぼ 0 （高い州で－0.03, 低い州で－0.05）であり，経済発展は制度的パフォーマンスを説明できていないという見方を示し，両者は「見せかけ」の相関関係なのではないか，と指摘している。

　そして，「自由な諸制度の成功・失敗は，市民の特質，すなわち彼らの市民的徳に左右される」という 16 世紀フィレンツェのマキアベェッリや同時代人の議論，その後，共同体や市民であることの諸義務を強調する共和主義は，個人主義と個人の諸権利を強調する自由主義により駆逐されてきたことを書いている。そのような変化に対して，「徳を有しない市民（nonvirtuous citizens）の割合が著しく増えるにつれ，自由な社会（liberal societies）がうまく立ち行く力は少しずつ衰えるだろう」（W. A. Galston 1988）という論考などを紹介している。

　パットナムは，このような哲学的議論について，「実に多方面にわたるこの哲学論争も，これまでのところ英米あるいは他の場所においても体系的な実証研究とはほとんど無関係に展開されている」として，共和主義的な「市民共同体」と，民主的政府の関係性を実証的に探求する，という研究姿勢を明示している。哲学的知見の実証分析という点で，8.2 節で見た藤井（2014）のアプローチとの共通を見ることができよう。

　さて，この「市民共同体」について，パットナムは先行研究を吟味して，「市民的積極的参加」，「政治的平等性」，「連帯・信頼・寛容」，「自発的結社－協力の社会構造」，というような項目を書き出した上で，それを測定する指標として，「優先投票（1953-79 年）」[1]，「国民投票（1974-87 年）」，「新聞購読

（1975年）」，「スポーツ・文化団体（1981年）」の4つを用いている。計測した「市民共同体」指数は，「制度的パフォーマンス」と同様に，北部で高く，南部で低い傾向が見られた。「市民共同体」と「制度的パフォーマンス」の相関関係をチェックすると，高い相関関係（相関係数 = 0.92）を見ることができ，市民共同体やパフォーマンスが高い州と低い州の2群に分かれてプロットされるが，それぞれの郡内で見ても相関関係を認めることができた（高い州で 0.53，低い州で 0.68）という分析結果を提示している。分析結果より，経済成長ではなく市民共同体が制度的パフォーマンスを説明するものであると結論づけている。

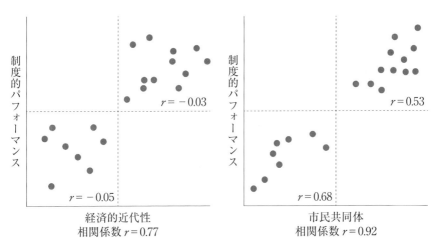

図 9.1 『哲学する民主主義』の中の相関分析

さらに，「市民共同体」の違いは何に依るものなのか，検討が続けられていく。パットナムは，イタリア諸州の歴史の差異に着目して，「市民的伝統」という概念を持ち出し，さらに指標の作成を行っている。歴史研究を紐解き，

---

[1] イタリアの国政選挙では，全有権者は1つの政党を選び，議席数は政党に比例代表的に割り当てられるが，有権者が特定候補者を選んで提出することができる「優先投票」がある。パットナムは，「優先投票」を恩顧＝庇護主義的なもので，市民共同体の欠落を示す指標と見なしている。

第9章　政策リサーチ案を作る

1300年頃のイタリアが,「シチリア王国」「教皇領国家」「前コムーネ共和制」「コムーネ共和制」という4つの政治的体制に分類でき,その後コムーネ共和制は失墜していくが,現在の「市民共同体」の高低と関連しているという見方を記している。

この「市民的伝統」を計測する指標として,「大衆政党の強さ（1919-1921年）」「協同組合の簇生（そうせい）率（1889-1915年）」「相互扶助協会への参加（1873-1904年）」「投票率（1919-1921年）」「1860年以前設立の地方任意団体」の5つを挙げている。計測した「市民的伝統」指数は,「市民共同体」指数と同様に,北部で高く,南部で低い傾向が見られ,双方は高い相関関係（相関係数＝0.93）にあった。1860-1920年代の市民的参加が,1980年代の「市民共同体」,さらには州政府のパフォーマンスにまで影響しているものと考察されている。

そして,最後に,2つの州をピックアップして,1900年代から1980年代に至る歴史的なデータを整理して統計的分析を加え,過去の市民的関与の大小が,その後の社会経済的発展に影響したという結果を示し,図9.2のような見方を提示している。

1970年代の社会経済的発展と1980年代の制度パフォーマンスの間に見られる相関関係は「見せかけ」であり,実際には過去の「市民的関与」が影響していた。過去の「市民的関与」の程度は,その後の「社会経済的発展」にも影響を及ぼしていた。

パットナムは20年以上にわたる現地調査,多様な社会調査や統計分析,さらに歴史分析などの社会科学的方法を駆使して,「市民共同体」が,経済発展

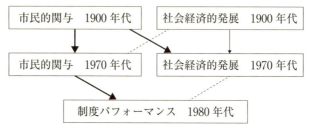

図9.2　『哲学する民主主義』のアウトプットイメージ

や民主的政府の状態に影響していく、という因果関係を示したのであるが、この分析は、「ソーシャル・キャピタル（社会関係資本）」という概念への注目を高めるものとなり、その後の社会科学や政策研究に大きな影響を与えた。

同書冒頭でパットナムは、次の様に記している。

「社会科学では、諸仮説は、理論や収集された証拠、提出された判断からあたかも直接に導き出されたかのように一般に考えられている。理論と証拠がプロジェクトでも重要であったことは事実だ。だが、本研究は、一編の魅惑的な探偵物語のように進められた。様々な疑問が浮かんでは解き明かされる。…また別の謎が持ち出される。探偵には、このやっかいな謎解きの旅が、どこへと漂着するのかさっぱり見当もつかないのだ」

この書き出しに、政策リサーチの核となる「仮説探索・検証」のイメージの一片をつかむことができるであろう。

9.2 研究計画書を作る

前節で政策リサーチの概要、仮説探索・検証のイメージを見てきた。しかしながら、読んで学ぶだけで実感できるところは限られている。本節を通じて、自分自身の問題関心から、具体的な政策リサーチを組み立ててみることができれば、政策科学が身近に感じられるようになるであろう。

ケース設定

実際に政策リサーチを実施して研究論文などにまとめるという作業は、研究者や専門家がするもので、自分がやることではないと思われる読者も多いかもしれない。しかしながら、そのように政策リサーチを難しいもので他人事と捉えてしまうことこそが、政策科学が課題として指摘するところであり、もっと多くの人が関心をもって、リサーチを見たり、議論したりすることが「民主主義の政策科学」として期待されている。

研究者や専門家らも、はじめから難解な研究をしていたわけではなく、当然

ながらキャリアのスタート段階があり，研究計画書の作成に苦労した人が多いであろう。本節では，大学院修士課程へ入学するための研究計画書を題材として，政策リサーチを自ら考えることに取り組んでもらいたい，と考えている。

政策リサーチの研究計画書の提出先として想定するのは，政策系の研究大学院である。2003年に専門職大学院制度が施行され，政策に関する「学習」を目的とした専門職大学院（例えば，東京大学大学院公共政策学連携研究部・教育部，早稲田大学大学院政治学研究科公共経営専攻など）と，政策に関する「研究」を目的とした在来型研究科（大阪大学国際公共政策研究科，慶應義塾大学大学院政策・メディア研究科など）に，大きく分けることができ，前者では研究計画書ではなく学習計画書の提出が求められることが多いようである。

本書では，後者の在来型研究科タイプの政策系大学院への研究計画書をイメージしたケーススタディを行なっていく。ただし，専門職大学院においても，入学後はリサーチペーパーや研究論文などの作成が求められるものであり，そのような際に本書の学びが関連してくるものと考えられる。

この研究計画書であるが，就職活動時の志望動機と照らし合わせて考えるとわかりやすい。就職試験の際に，聞かれる「あなたの志望動機は何ですか？」と，大学院試験の研究計画は似ている面がある。

就職試験の際には，実際にあなた自身がその会社で働いているわけではないので，表面的な情報しか持ち合わせていないことになる。その中で，ホームページを調べたり，説明会に出たり，OB・OG訪問をするなどしてできる限りの情報収集をしながら，自分の学生時代の活動や考えなどと結びつけて，うまく志望動機を語ることが求められる。

大学院の研究計画書も，同じ構造で捉えられる。あなた自身が実際に研究をしているわけではないが，インターネットで論文を調べたり，テーマに関するセミナーや講義に出たり，先輩や教員に聞いたりするなどして，できる限り情報収集しながら，自身のこれまでの学習や興味関心などと結びつけて，うまく研究計画を作ることが求められる。

いずれも，未知の事柄について，できる限りの情報収集と，自分の経験や知識を組み合わせて，ロジカルに話を組み立てることが求められている。したがって，研究計画書のスタディは，就職活動時の志望動機を語ることにもつなが

るし，さらに言えば，就職後に新しい商品やサービスを企画することにもつながる，という面がある。

さて，伊藤（2011）では，仮説検証型の政策リサーチの手順が豊富な事例とともに紹介されているが，この手順を学ぶことで，研究計画書の作成が大きく助けられるものと考えられる。その手順の概略は，テーマの探索→先行研究のリサーチ→リサーチ・クエスチョンや仮説をたてる→データを収集する→仮説を検証する→結果をまとめ，リサーチ結果を政策化する，というものであり，以下に解説を加えていく。

テーマの探索

公共政策の問題は，まず，それについて，よく知ることが前提となる。地方疲弊，シャッター通り，保育所や託児所の不足，トランプ政権，テロ，安全保障，年金の持続可能性，東日本大震災，憲法改正，消費増税，東京オリンピック等々，多くの社会問題がクローズアップされ，それは時々刻々と移り変わっていく。

ニュースや雑誌記事，論文や書籍をよく読んで情報を得ることが不可欠である。そのようなニュースや書籍を読めば読むほど，それについて詳しくなってくる。しかしながら，果たして自分はどれだけ本当に理解できているのだろうか。自分がその場に足を運んで，見聞きして，自分の頭で考えることで，ニュースや本で見ているのとは違う認識が出てくるかもしれない。政策リサーチとは，人が調べたり書いたりしたものをよく読んで勉強しながら，それが本当にそうなのか，自分の手足や頭を使って，自分で調べて，自分で考えて，何か書いたり，人と議論したりすることだ。

そのような政策リサーチにまず必要なものは何か。それは，「自分の興味関心」である。社会・政策のことがよくわからないので，関心がいまいちわからず，テーマが探せない，では困る。自分の胸に手を当てて考えてみてほしい。何か調べてみたい社会問題がないだろうか。情報をインプットすれば，なんらしかの気になるニュースや問題が出てくるはずである。ニュースを見る，ウェブ上の記事を見る，図書館に行って新聞や雑誌，本などを見る，家族や友人，バイト先の人，教授の話を聞くなど，情報は無限にある。自分や家族や親しい人の

経験を振り返ることも有用だ。嫌だったこと，困ったこと，逆に嬉しかったこと，助かったことなど，過去の経験を紐解いていけば，社会や政策の問題に繋がっていくものが出てくるだろう。

＜テーマ探索の具体的な方法＞

　身の回りの問題，ニュースや社会問題を，興味をもった順に5つ書き出す。なるべく具体的に挙げるようにする。

　　例）東京オリンピック　×　→　新国立競技場の整備計画の見直し　○

　なるべく多様な次元の問題を書き出してみる。身近な問題から，地域・国レベルの問題，国際問題。法律系の問題から，経済系の問題，政治的な問題，情報関係の問題など。

＜テーマ探索の具体例＞
1. ○○県□□町での幼児行方不明事件
2. 交通事故における自転車事故割合が増加
3. 資金難のIS,「戦闘員に給与払えず」
4. ツイッター認証情報3200万人分超，ネット上で流出・売買か？
5. おもちゃ移植で臓器移植の重要さを学ぶ

▎テーマの選定

　テーマの探索を通じて，日常生活の中で実に多くのことに関心を持っていることに気付かされた人が多いのではないだろうか。研究計画書に作成にあたり，この多様な問題関心の中から，テーマを1つに絞ることが求められる。テーマを絞りこむことができれば，先行研究のリサーチを本格化することができる。しかしながら，挙げたテーマから1つのテーマに選ぶことは，簡単なようで難しく，研究計画書の出来を左右する可能性があるものである。

　テーマ選定はそれぞれの興味関心に応じて自由に行われるべきものであるが，政策リサーチの研究計画書に用いるテーマを考える際のポイントを挙げておく。

9.2 研究計画書を作る

> **＜テーマ選定のポイント＞**
> ・社会的問題かどうか？（外部性：ある活動が他者へ及ぼす影響）
> ・リアリティがあるか？（現実的な政策課題か？自分や身近な人の経験や関連は？）
> ・データがとれそうか？（公開情報，インタビュー，アンケート，実験など）
> ・新規性があるか？（先行研究のリサーチが必要）

　＜テーマ探索の具体例＞は，いずれも興味をそそられるテーマであるが，ここでは上から2つ「○○県□□町での幼児行方不明事件」と，「交通事故における自転車事故割合が増加」をピックアップして，テーマ選定のイメージを書き出して見たい。どちらのテーマでも政策リサーチを展開することは可能であるが，＜テーマ選定のポイント＞に照らして行くと，どちらのテーマの方が進めやすいかを考えることができる。

　まず，社会的問題かどうか？という点である。このポイントは，第6章冒頭で説明した「外部性」のことである。ある活動が他者へ及ぼす影響の大小によって，私的な問題か，公共的な問題かの区別がなされる。「○○県□□町での幼児行方不明事件」は，個別の刑事事件単体という形では，外部性の程度が判断できないので，その社会的要因や，幼児安全対策を考えるなどテーマを調整する必要があろう。「交通事故における自転車事故割合が増加」は，日本全国に多く自転車を利用する方がいるし，歩行者や自動車運転者とも関係する問題であるので，社会的問題と言えるであろう。

　次に，リアリティがあるか？という点である。現実の社会問題からテーマを探索していけばリアリティがあるものとなるが，それだけではない。必ずしも必須条件ではないが，自分や身近な人の経験や関連があると，背景となる知識や関心の程度が高くなるし，計画書づくりのモチベーションも高まり，説明に説得力を伴うという面もあるので，自分自身と何らかの関連付けを検討してみることもポイントと思われる。「幼児行方不明事件」が，自分や親しい人が経験したり何か関連したりしたような問題であるのであれば，それをテーマとしていくことも考えらえるが，もしたまたまニュースで見て気になった程度のこ

とであれば，それを深く探求していくことができるであろうか？自分が自転車通学・通勤をしている方である場合，「自転車事故」については，リアリティがあって，実感を持って調査や研究できるであろうことが推測される。

　そして，データがとれそうか？という視点も重要である。「仮説検証」するためにはデータが必要である。データをどのように収集するのか検討することが，研究計画には不可欠である。「幼児行方不明事件」のような個別事件の詳細について，事件の当事者や警察担当者へのヒアリングはハードルが高いであろうし，報道以上の関連情報の提供も困難が伴うことが想像される。「自転車事故」も同様に個別事件の詳細について，事件の当事者や警察担当者へのヒアリングはハードルが高いであろうが，交通事故の統計情報や，普段自転車を通学・通勤で利用している方へのヒアリングなど，データ収集の可能性が高いように見受けられる。

　同じ問題でも捉え方や設定をアレンジすることで政策リサーチを行うことは可能であるので，このケースの場合にもどちらが良いかを明確に判断することはできないが，文面だけを見ると，「自転車事故」の問題の方が政策リサーチを進めやすそうに思われる。ただし，最終的には，自分の興味関心の程度をよく考えて，自分で選定することが重要である。

　それから，新規性があるか？という視点は，より重要である。研究計画書では，先行研究にどのようなものがあるかを書き出した上で，これまでの研究では分かっていないことを，自分の研究では明らかにする，という書き方をする。研究計画に限らず，新規事業の計画でも，先行する他社の取り組みなどをよく調べた上で，その問題点を克服したり，抜けていた点を埋めたり，といった形で企画案の強みをプレゼンすることになるであろう。そのためには，先行研究のリサーチが重要となる。テーマを選ぶ際にも，先行する研究にはどんなものがあるのか見ながら，新しい研究ができそうか考えてみることが有効である。

▍先行研究のリサーチ

　研究計画書を作成するには，情報収集，先行研究のリサーチが不可欠である。関連する記事（ネット，新聞，雑誌など），学術論文，学術書などを集めて読む作業は，時間もコストもかかるものではあるが，そもそも自分の興味関心が

あるテーマとすることで，受動的なレポート作成のための作業と比べれば，はるかに楽しい作業と思われる．読み進めるなかで新しい理解がでてきたり，足りないことは何か考察ができたりするようになるところまで行けば，研究計画書の準備が相当進んだと考えることができる．

ここで，記事，学術論文，書籍の違いについて，少し確認しておきたい．まず，もっとも手軽なのは，ネットで検索サービスを利用して検索することである．ネット上にはニュースや記事，blog や SNS などにも膨大な政策関連情報がある．ネット上の記事も参考になるものも少なくないが，匿名で出されているものなのか，メディア企業が構築したサイトで一定のプロセスの元に掲載されているものなのか，サイトによって情報の質に大きな差異があることには留意が必要であろう．ネット情報を見る際に，どこの誰が出している情報なのか？を確認して，その信頼性や内容の質が，政策リサーチに有用なものであるのか判断できることが望ましい．

新聞記事や雑誌記事は，有料のコンテンツであり情報収集には欠かすことができないものである．特に政策課題を対象としたリサーチを検討している場合，事実関係の確認ができるし，記事の中に専門家や記者らの見解が示されていることもあり，問題の理解や考察を行う上で貴重な情報となる．現在はインターネットでも閲覧できる有料サービスが展開されており，過去の記事の検察もでき，有用なツールとなっている．

学術論文は，科学技術振興機構が推進している J-STAGE や，国立情報学研究所が運営している CiNii，さらは Google による Google Scholar などで検索することができる．J-STAGE は約 470 万件（2018 年 10 月時点），CiNii は約 1970 万件以上（2017 年 4 月時点），Google Scholar は 1.6 億件以上（2014 年の推定値）の学術論文にアクセスできる．試しに，「仮設住宅」と検索してみると（2018 年 10 月時点），J-STAGE で 2422 件，CiNii で 1609 件，Google Scholar で約 1 万 1200 件となった．Google Scholar の検索結果は，J-STAGE や CiNii にリンクされているものもあり，双方のサイト，さらにそれ以外のサイトも含めた統合的な検索が行われているようである．

学術論文には，審査がない一般論文と，審査がある査読付論文の大きく 2 種類がある．審査がない一般論文は，査読付論文の作成前に学会大会で発表する

ために作成したもの（大会講演論文集や予稿集などのような雑誌名のものに収録されている）など，内容的に査読付論文よりも低い位置付けのものが含まれている。査読付論文は学会の学術委員会等で審査を受け，査読委員らからの修正意見に対応した上で掲載されるので一定程度の質が担保されている。論文内に査読を受けたことが明記されている場合もあるが，そうではない場合には，その雑誌を発行している学会や団体のホームページを見るなどして確認することが可能である。論文の最後には，参考文献が示されており，当該研究についての重要な先行研究が含まれている場合が多い。

　学術書は，大学や地域の図書館で検索して手に取ったり借りたりすることもできるし，Amazon などオンライン書店で検索して購入することもできる。書籍は，企画段階で出版社の会議が入っていたり，出版社の編集者のチェックが入っていたりするので，一定程度の質が担保されている。学術論文が学会や研究者に向けて書かれた専門的な内容であるのに対して，書店で販売される学術書は，学術論文よりは広く対象を考えて総合的に書かれているものが多い。

<先行研究の探索>
1. WEB サイトを検索し，あなたのテーマに関する WEB 上の署名記事を 5 件以上検索して，PDF 保存する。
2. あなたのテーマに関する新聞記事を 5 件以上検索して，コピーする。
3. Google Scholar を利用して，あなたのテーマと関係が深そうな論文で入手できるものを 5 件以上選んで，ダウンロードする。
4. 図書館であなたのテーマと関係が深そうな書籍を 5 冊以上探して，実際に図書館で手にとって目を通して，研究計画に利用したい 2 冊以上を選んで，実際に借りる。

※リサーチ・クエスチョンや仮説といった科学的研究方法（次ページ以降で紹介）について理解した上で，先行研究を探索する必要がある。

▌リサーチ・クエスチョン

　ここまで，研究計画書を作る前段階として，テーマを探索して選定し，関連

する先行研究を探して読むところまでを見てきた。テーマの探索や選定も悩ましいものであるし，文献を読むのは時間も労力もかかる。テーマが決まり，先行研究のリサーチが進めば，いよいよ研究計画の検討に入る。まずは，研究計画の核となるリサーチ・クエスチョン，そして，それに対応する仮説を作ることが，もっともオーソドックス（正統的）な進め方となる。

本書では，概要紹介にとどまるが，伊藤（2011）では，第1章から第2章にかけて，リサーチ・クエスチョンと仮説生成について，具体例を示しながら，丁寧な説明がなされているので，手にとって勉強すると良い。

「適切なリサーチ・クエスチョンがたてられれば，研究の半分が終わったようなものだ」と言うほど，政策リサーチにおいてリサーチ・クエスチョンをたてることは重要なことである。

自分が興味関心を持つ社会的問題をテーマにしたのであるが，あらためて，なぜそのテーマに興味関心を持つのか，という点を具体化したり，深く考えたりしていくことで，リサーチ・クエスチョンに近づいていく。その際に，先行研究のリサーチが必要不可欠である。勉強して，整理して，自分の頭で考える，というプロセスを通じて，自分自身の中に，先行研究を踏まえた上で，「なぜ？」という疑問点が湧き出てくれば，それがリサーチ・クスチョンの素になってくるであろう。

このリサーチ・クエスチョンは，一度作ったら終わりというものではなく，調べたり考えたりするなかで変化してくることがある。特に，そのテーマについて調べ始めたばかりの時には，試行錯誤することであろう。

リサーチ・クエスチョンは，「なぜ△△では○○なのか？」という疑問形式にすることで，その後の仮説生成や検証にまでつなげていくことができ，研究計画書をうまくまとめることにつながる。先行研究をよく調べた上でリサーチ・クエスチョンを適切に作っておかないと，一体何を明らかにする研究であるのかが不明確になってしまい，計画書として不十分となってしまう可能性が高いので，留意が必要である。

伊藤は，大学院で博士論文に取り組むときの基準として，「問う意義があること」「未解明であること」「答えがでること」の3つを挙げている。これらはその水準を厳しく考えれば博士論文の基準とも言えるが，研究計画を考える際

にも十分に参考になるものである。「問う意義」や「未解明」であることは，先行研究のリサーチを深めることで，基準に近づけることが可能である。「答えが出ること」は，一定期間で答えが出るレベルの問題設定をするということで，あまりに大きすぎる問いや，逆にすぐに答えが出せそうな簡単なものは適当ではない。先行研究をよく読んで理解することによって，そのバランスを整えることができるであろう。

リサーチ・クエスチョンを考える際のポイントとして，ブレイクダウンがある。伊藤は，リサーチ・クエスチョンAとBという2つの区別をする考え方を紹介しており，Type Aは「学会で探求されている論点や多くの現象を説明できる法則に関わる問い」，Type Bは「事例に即した問いかけ」と解説している。簡単に言うと，Type Aは抽象的な大きな問い，Type Bは具体的な小さな問い，ということになる。

<リサーチ・クエスチョンのポイント>
・「なぜ△△では○○なのか？」という疑問形式になっているか？
・基準（問う意義があるか？ 未解明か？ 答えがでそうか？）を満たしているか？
・大きな問い（Type A）と具体的な問い（Type B）が立てられているか？

さて，このリサーチ・クエスチョンであるが，具体的にどのようなものなのか，参考例を紹介する。

・パットナム（2001）『哲学する民主主義』より
　大きな問い（Type A）：「政府がよりよく機能するのはどのような条件か？」
　具体的な問い（Type B）：「なぜ北イタリアで州政府がうまく機能するのか？」

・伊藤（2011）『政策リサーチ入門』を参考に

大きな問い（Type A）：「なぜ市民協働が成り立つのか？」
具体的な問い（Type B）：「なぜX町の防災訓練では住民の協力が得られるのか？」

このような2つのレベルで「なぜ？」の形でリサーチ・クエスチョンを考えていくと，具体的な問い（Type B）に対応する形で「仮説」を考えることができる。大きな問い（Type A）は，単体の研究で検証できるものではない。具体的な問い（Type B）に対する仮説を作成して検証していく，というプロセスを重ねていくことで，大きな問い（Type A）の検証へと繋がっていくのである。この大きな問い（Type A）は，研究の意義や可能性を説明する際に用いることができる。その意味で，2つのレベルのリサーチ・クエスチョンを用意しておくことが，研究計画に有効である。

仮説の作成

リサーチ・クエスチョンができてくれば，次に「仮説」を考えることになる。「仮説」とは，一体どのようなものであるのか。伊藤は「暫定的な答え」であるとしている。「暫定的」とは，確定するまでの間の一時的なもの，ということである。「仮説」とは，何らかの方法でそれが正しいのかどうか検証するまでの間の仮の答え，というような位置付けになる。政策リサーチに即して言うと，具体的な問い（Type B）に対して，自分が予想する答え，ということになる。先ほどの例に対応する仮説を書き出してみると，次のようになる。

・パットナム（2001）『哲学する民主主義』より
　具体的な問い（Type B）：「なぜ北イタリアでは州政府がうまく機能するのか？」
　仮説1：「経済的に発展した地域ほど，州政府がうまく機能する」
　仮説2：「ソーシャル・キャピタルが豊かな地域ほど，州政府がうまく機能する」

・伊藤（2011）『政策リサーチ入門』を参考に

具体的な問い（Type B）：「なぜX町の防災訓練では住民の協力が得られるのか？」
仮説1：「熱心な住民リーダーがいるほど，地域防災活動が盛んになる」
仮説2：「NPOの数が多い自治体ほど，地域防災活動が盛んになる」

　パットナムの具体的な問い（Type B）について，仮説1はそれまでの通説を表していたのに対して，仮説2は従来の通説と異なる見方を提示したものとなっている。パットナムの研究が，のちに大きな影響を与えたのは，従来の通説を覆すような新しい仮説を出して，それを検証したことにあると言える。そのテーマについて，誰もが知っているような当たり前のことを仮説にしても，その研究のオリジナリティを見出すことは難しい。よく調べたり考えたりしながら，従来人々が気づかなかったようなポイントを仮説にすることを狙っていくのであるが，簡単なことではない。

　リサーチ・クエスチョンや仮説作成は，非常に奥が深く，極めて知的な作業となる。ユニークなリサーチ・クエスチョンや仮説を作るには，閃きが重要であるが，そのような閃きをするためには，テーマについて，自分で経験したり，多角的に情報収集を行ったり，自分の頭で整理したり，他人と議論したりするなどして，考えを深めていくという準備作業が不可欠である。そのテーマについて，十分なリサーチをせず，深く考えていなければ，たいしたリサーチ・クエスチョンや仮説が作れないと考えた方がよい。

　とは言え，限られた時間の中で，研究計画を作らなければいけないから，そのジレンマに苦しむことになる。できる限りトライしてみて，少しでもユニークなものが作成できるように努力するよりない。このような高度な知的作業は，研究計画のみならず，人生のさまざまな局面に応用可能な経験となるであろう。

<仮説作成のポイント>
・「…であるほど，…である」という疑問形式になっているか？
・自分の経験，先行研究のリサーチ，人と話す（友人，教員，関係者,,,）など多面的に情報収集をして考察したか？
・最初から納得できる仮説に行きつけることは少ない。試行錯誤してでき

> あがった仮説ほど，ユニークなものになる可能性がある。

アローダイアグラム

　仮説を検討していく際や，作成した仮説を説明するのに，アローダイアグラムがよく用いられる。テーマが決まり，先行研究を調べたり，リサーチ・クエスチョンを考えたりしながら，図9.3のようなアローダイアグラムをイメージしていく，あるいは手元で書き出していくと，リサーチ・クエスチョンや仮説を明確化しやすい。

　通常，アローダイアグラムの左側には，説明変数を並べる。仮説づくりの際は，「原因と結果」という見方をして，ある社会問題の「原因」として考えられるものを，説明変数として置く。独立変数とも呼ばれる。右側には，目的変数を置く。ある社会問題の「結果」を，目的変数として置く。目的変数は，従属変数とも呼ばれる。そして，説明変数から目的変数への矢印（アロー）を引く。

　すでに先行研究で実証されている仮説でも，調査する場所や時期を変えると結果が変わる可能性もあるので，説明変数に加えることが可能である。しかし，先行研究からもってきた仮説ばかりでは物足りないので，現場で聞いた話や，複数のソースを組み合わせたりしながら，独自に考え出した説明変数を含めることが望ましい。

　仮説づくりのフェーズの後には，社会調査などでデータを取得して分析を行い，その「検証」を行う。検証した結果，仮説として掲げた説明変数が目的変数へ影響していない場合もあるし，影響していることが認められる場合もある。説明変数同士が似ているものである場合（相関関係が高い場合），そのどちらが影響しているのかを判断して，分析から外すことも考えられる。ある説明変数が原因として，ある目的変数へ影響しているという「因果関係」を主張するには，説明変数が目的変数より時間的に先行しているか，などチェックすることが欠かせない。

　パットナムによる図9.2のアローダイアグラムは実際の事例であるので，ここまでの記述の復習を兼ねて，あらためて見直してみると良い。

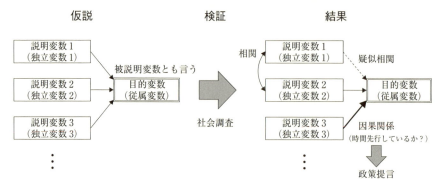

図 9.3 アローダイアグラムと政策リサーチのイメージ

仮説の検証方法

　現実社会の問題を対象に考えていくと，情報が複雑でリサーチ・クエスチョンや仮説の作成が曖昧になることや，仮説検証に困難が伴うことが多い。しかしながら，仮説検証を軽視して，プロセスや結果ばかりに目を奪われていると，誤った政策が実行されたり継続したりしてしまう可能性が温存されるため，リサーチ・クエスチョンや仮説を検討して，科学的に検証するという姿勢が不可欠である。

　伊藤（2011）では，政策リサーチの検証方法として，実験，比較，統計分析，事例研究などを挙げている。研究計画を作成する上で，検証方法の具体的なイメージを持っておくことが不可欠であるため，本書では，それぞれの概要を紹介する。

　検証方法は，分野や対象によっても異なり，基礎的なものから非常に高度なものまで，質的な探求から量的な実証まで多様である。より具体的な内容については，大学院レベルの教科書や専門書，さらには具体的な研究事例に多く目を通しながら，勉強したり，自分で試行錯誤を重ねたりして，理解を深めていくよりない。

　まず，**事例研究**を紹介する。事例研究とは，1つの事例を詳しく調べてみることであり，仮説の検証方法としても有効な手段となる。例えば，防災教育や訓練を対象にしたリサーチで，あるまちの優れた防災教育や訓練の取り組みが，

実際の災害時にも有効であったという事例があった時に，現場を視察してまわったり，担当者や学生らに，どのような取り組みをしていたのか，実際の災害時にどのように対応したのか，といったことを尋ねたりしていく中で，なぜそのような取り組みができたのか，その要因を深く考えてたり，取り組みがどのように活きたのかを確認していくことができるであろう。闇雲にヒアリングするよりも，事前に先行研究などの情報を調べて，リサーチ・クエスチョンや仮説を作成してから行くことで，リサーチを適切に進めていくことが期待できる。

次に，**比較**である。比較とは，少数の事例を調べて比べてみることであり，仮説の検証方法の代表的なものの1つである。先ほどの，防災教育や訓練を対象にしたリサーチ事例でイメージを書き出すと，あるまちの優れた防災教育や訓練の取り組みが，実際の災害時にも有効であったという事例があった時に，他のまちの防災教育や訓練の取り組みはどうであったのか，実際の災害時にどうであったのかというように同じ項目を調べて比較してみることで，なぜ取り組みが進んだのか，その効果がどれほどのものであったのかなど，を明らかにすることができる。

防災教育や訓練の取り組みにフォーカスしてみると，地域の人口規模や構成，役所や首長の姿勢，まちの人々のつながり，関わっている企業や専門家の資質，地域の災害危険性や過去の災害経験など多様な要因が関わっていることが考えられる。

表9.1を用いて，比較による仮説検証のイメージを示す。A町では防災教育や訓練が盛んであるが，比較対象とするB町やC町では低調である。その原因として，仮に，人口規模，役所や首長の姿勢，地域コミュニティという3つの説明変数を考える。まず，A町とB町を比較する。人口規模はどちらも小さいが，防災教育や訓練に差が出ているので，人口規模を要因から除くことができる。行政や首長の姿勢，地域コミュニティはどちらも，A町の方が良いので，そのどちらが要因であるか特定することができない。そこで，A町とC市を比較すると，役所や首長の姿勢はどちらも積極的であるので，要因から除くことができる。最後に残った地域コミュニティを見ると，A町が強いのに対して，C市は普通となっており，A町では防災教育や訓練が盛んである原因は，強固な地域コミュニティにあると考えることができる。同様に，防災教育

表9.1　比較による仮説検証のための事例整理のイメージ

		A町	B町	C市
目的変数	防災教育や訓練	盛ん	低調	低調
説明変数1	人口規模	小	小	大
説明変数2	役所や首長の姿勢	積極的	無関心	積極的
説明変数3	地域コミュニティ	強い	普通	普通

や訓練がどのように実際の災害対応に役にたったのか，という点も検証していくことが考えられる。

　以上は，仮の設定での単純化した検証プロセスであるが，実際の社会問題を扱うと，説明変数が増え，その検証のためには事例の数を増やさなければならなくなることや，数事例から得られた結論が他の自治体でも同様であるのか妥当性が問われることなど，課題も少なくない。しかしながら，現実の社会課題に対する仮説検証のプロセスとしては，最も利用しやすいアプローチであるという側面もあり，研究計画でも利用可能である。

　さらに良く利用される検証方法が，**統計分析**である。比較による仮説検証は，扱う事例について細かくチェックしていける反面，扱える事例や変数の数に限りがある。統計分析の場合は，個別の事例を細かくチェックできないが，大量の事例や変数を同時に扱うことができる。比較によるアプローチで仮説を探索していきながら，統計分析でその妥当性をチェックする，というようなプロセスが望ましいようにも考えられるが，そのどちらかだけでも相当に時間や労力を要するものであり，テーマや状況に応じて適切な方法を取ることが現実的ではある。

　統計分析による仮説検証の方法として，進んだ分析方法がたくさんあるが，詳細はそれらの入門書[2]をあたっていただくとして，本節では，相関分析，クロス集計および平均値の差の比較，重回帰分析の3つを基礎的な方法について，簡単に紹介する。

　相関分析は，散布図を作成して，相関係数を求めるものである。散布図は2変量の関係をプロットするもので，図9.4にイメージを示した。通常，説明変

数を横軸（x），目的変数を縦軸（y）とする。左側の図は，x が増えるほどに y が減る関係となっており，これを負の相関と呼ぶ。中央の図は，x と y に関係性がなく，これを無相関と呼ぶ。右側の図は，x が増えるほどに y が増える関係となっており，これを正の相関と呼ぶ。例えば，地域コミュニティを表す指標として，NPO の数を横軸に，防災訓練の数を縦軸にして，複数の市区町村のデータを散布図として描き，相関関係をチェックすることができる。Excel でも簡単に 2 変量の相関係数を求めることができ，−1（負の相関）から 0（無相関），そして 1（正の相関）の間の値を取る。

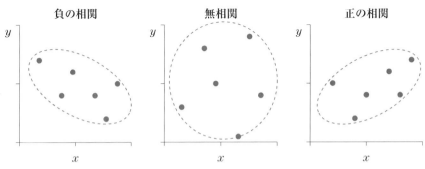

図 9.4 散布図と相関関係のイメージ

数値データの場合，散布図や相関係数を求めることで，2 つの変数の関係をチェックすることができるが，アンケート調査で得られるような質的データ（カテゴリカルデータ）の場合は，**クロス集計**を行い，その関係性をチェックすることになる。図 9.5 にイメージを示す。例えば，地域コミュニティが強い地域と弱い地域を選び，アンケート調査を行なった結果，強い地域では参加率が高いのに対して，低い地域では参加率が低いというデータが得られた，というようなイメージである。カイ 2 乗検定や残差分析といった統計的な検証も，汎用的な統計ソフトウェアで簡便に行うことができる。

---

[2] 例えば，森田果（2014）『実証分析入門』日本評論社，田中隆一（2015）『計量経済学の第一歩』有斐閣ストゥディア，中室牧子・津川友介（2017）『「原因と結果」の経済学』ダイアモンド社など。

第9章 政策リサーチ案を作る

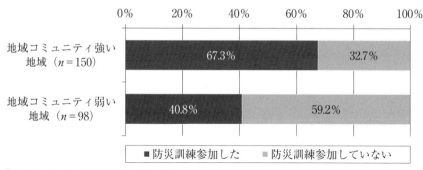

図9.5 クロス集計のイメージ

　扱う変数が数値データ同士の場合は相関分析，カテゴリカルデータ同士の場合はクロス集計，変数タイプが組み合わさっていて，説明変数がカテゴリカルデータで目的変数が数値データの場合は，**平均値の差の比較**を行う。図9.6は，地域コミュニティが強い自治体と，弱い自治体ごとの，防災訓練回数の平均を示したイメージである。統計ソフトウェアを用いて，統計的な平均値の差の検定（t検定等）を行うことができる。

　相関分析やクロス集計，平均値の差の比較は，すべて2変量の関係性をチェックするものであったが，あるリサーチ・クエスチョンについての仮説は1つ

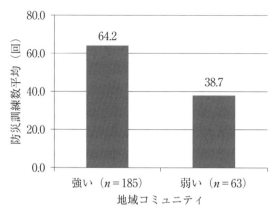

図9.6 平均値の差の比較のイメージ

だけでなく，複数作ることが一般的である．複数の仮説を同時に検証したい場合には，**重回帰分析**を用いる．

重回帰分析は一般に，$y = a + b_1 x_1 + b_2 x_2 + \cdots$ という形で表される．y は目的変数，a は定数項，x は変数，b は変数の係数を示す．ここまでの防災訓練数について，仮想的にイメージを書き出すと次の様になる．

防災訓練数 $= a + b_1 \times$ 人口規模 $+ b_2 \times$ 役所や首長の姿勢 $+ b_3 \times$ NPO 数 $+ b_4 \times$ 災害危険度 $+ b_5 \times$ 地域経済規模

表 9.2 に重回帰分析の推定結果のイメージを示す．先行研究のリサーチを進めると，このような分析モデルの推定パラメーターとモデル適合度指標が掲載された表を見かけることがあるだろう．各変数 x の係数 b の値，標準化して各変数の影響度合いを比較できるようにした標準化係数，得られた係数の統計的検定結果（有意確率 p）が右端に＊の記号を用いて示されることが一般的である．決定係数は，このモデルが目的変数をどれだけ説明できているかを示し，0〜1 の数値で表される．

表 9.2 は仮の数値を入れたものであるが，「役所や首長の姿勢」と「NPO 数」の係数が統計的に有意で，それ以外の変数は，目的変数に影響していない，というように判断できる．その上で，標準化係数を比較して，その影響の大小を見ることができる．このモデルの決定係数は 0.029 と小さく，他にも要因が考えられることが示唆される．このような検証結果は，図 9.7 のようにアローダイアグラムに示すことで，直感的に理解が容易となる．

目的変数が数値データの場合は重回帰分析を用いるが，社会調査では 2 値のカテゴリデータの場合を目的変数として扱いたい場合も多く，その際は，ロジスティック回帰分析を用いる．いずれも，データを整えれば，統計ソフトウェアを用いて，統計的検定までを含めて，簡便に行うことができる．

ここまで見てきた相関分析，クロス集計，平均値の差の比較，重回帰分析ともに，汎用的なソフトウェアを用いて**統計的検定**を行えると記したが，その考え方について説明を加えておく．

例えば，日本人を対象とした調査であれば，日本の人口約 1 億 2 千万人が母

表9.2 重回帰分析のイメージ

概要	変数 x	b	標準化係数
—	定数 a	2.694	
説明変数1	人口規模	−0.051	−0.024
説明変数2	役所や首長の姿勢	0.043	0.066 *
説明変数3	NPO数	0.138	0.080 *
統制変数1	災害危険度	0.039	0.039
統制変数2	地域経済規模	−0.051	−0.024
サンプル数		55	
決定係数		0.029	

* : $p<0.05$, ** : $p<0.01$, *** : $p<0.001$

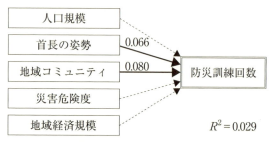

図9.7 重回帰分析のアローダイアグラムのイメージ

集団となるが，1億2千万人全員に対して調査をするのは，現実的に難しい。そこで，1千人とか5千人とかサンプルで抜き出して調査をすることになる。このサンプル調査で得られた結果が，日本人全員に対してもそのように言えるのか，統計的に検定が必要になる。

　統計的な検定は，適当な分布形とその確率密度関数を用いて行う。例えば，日本人とアメリカ人それぞれ100人の身長を調査して，平均の差が10 cmだったとする。身長差の散らばり度合いは，ペアごとの日本人の身長とアメリカ人の身長の差の合計となるが，プラスマイナスで相殺されてしまうため，各ペアの身長差を2乗してその和を求めた分散を，2乗根した標準偏差（標本調査の場合は標準誤差と呼ぶ）で表される。

日米の身長差の平均が 10 cm，標準誤差（SE, Standard Error）が 4 cm であったとすると，正規分布の場合，10±4 cm（1SE）におよそ 68%，10±8 cm（2SE）に 95% の確率で母集団の平均があると推測される。平均身長の差が 1 cm とか 19 cm である確率は，5% 未満であり，ほとんど有り得ないということになる。

母集団の日米の身長差が何 cm 何 mm かと，細かい数値を詰めていくのは難しいが，日米で身長差がないのか，あるのかを検定することは比較的容易で，帰無仮説という考え方を用いる。検証しようとする仮説を否定する仮説（帰無仮説）を立てて，それがどの程度ありえないことであるのか，平均値や標準誤差を用いて示すというものである。

検証したい仮説：日米で身長差がある
帰無仮説：日米で身長差がない

として，さきほどの日米 100 ペアでの身長差平均 10 cm，標準誤差 4 cm だとすると，平均身長の差が 0 cm である確率はほとんどありないので，帰無仮説を棄却して，「日米で身長差がある」という仮説を検証したことになる訳である。

表 9.2 下の「＊：$p<0.05$，＊＊：$p<0.01$，＊＊＊：$p<0.001$」は，「説明変数のパラメータが 0 である」という帰無仮説に対する統計的検定の結果である。「＊：$p<0.05$」は，帰無仮説が正しい確率は 5% 未満，「＊：$p<0.001$」は，帰無仮説が正しい確率は 0.1% 未満というように読む。＊印が付いている説明変数は，帰無仮説が棄却でき，目的変数と統計的に有意な関係がある，ということになる。一方，＊印がついていない説明変数は，帰無仮説が棄却できない，すなわち説明変数が目的変数に与える影響が 0 である可能性が否定できない，ということになる。

ここまで，仮説の検証方法として，事例研究，比較，統計分析の概要を眺めてきた。これらの分析は，仮説探索的には有益なものであるが，仮説検証の方法としては，不十分な点が指摘されている。

例えば，図 9.8 は，tylervigen.com「Spurious correlations（偽の相関）」と

いうサイトに掲載されているグラフであるが，商店街収入額合計（Arcade revenue）と米国のコンピュータサイエンス博士号取得者数（Computer science doctrates）の間には，非常に高い相関関係（相関係数は 0.99）があるが，コンピュータサイエンスの博士号取得者が増えれば商店街収入額合計が増えるということは論理的に考えられず，たまたま偶然的に現れた相関関係（疑似相関，見せかけの相関）ということになる。

相関関係と因果関係には大きな違いがあり，相関関係はたまたま2変量の間に関係性があるものも含まれるが，因果関係は，ある説明変数が，ある目的変数の原因となっていることが検証されている場合にのみ用いられる。そして，この因果関係の検証を突き詰めていくと，通常の統計分析では限界があり，自然科学で行われているような**実験**が必要になってくる。

中室・津川『『原因と結果』の経済学』では，因果関係を確認する「因果推論」の考え方や方法論が具体例とともにわかりやすく記述されている。科学的根拠（エビデンス）にはレベルがあり，回帰分析のエビデンスレベルは低いものと位置づけられている。第4章で紹介したRDデザインやDID分析のような「実験のような状況」をうまく利用して因果関係を評価する方法のエビデンスレベルは，回帰分析より高く位置付けられている。さらに，ランダム化比較実験は「因果推論の理想形」で，疑似実験よりエビデンスレベルが高い方法とされている。さらに，複数のランダム化比較実験を統合することで，最も確実に因果関係が証明できるとされている。RDデザインやDID分析，ランダム

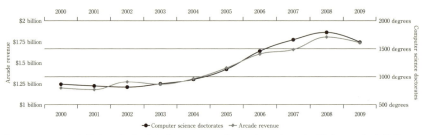

図 9.8 商店街収入額合計と米国のコンピュータサイエンス博士号取得者数[3]

---

[3] http://tylervigen.com/spurious-correlations より（最終閲覧：2018年11月）

化比較実験の概要は 4.1 節に記述してあるので，読み直していただくことで，その意味がより深く理解されることであろう。それらの詳細は，中室・津川 (2017) 等を参照されたい。

　事例研究，比較，統計分析，実験という検証方法のどれを選ぶかについて決まりはなく，自分の対象とするリサーチ・クエスチョンや利用できるデータに応じて選択していくことになる。適切にコントロールされた実験のエビデンスレベルは高いが，現実の社会問題や政策課題を対象にそのような実験を行うことには，コストや倫理的な問題など現実的困難が伴う場合もある。疑似実験的な方法も，対象やデータが限定されていて，リサーチ・クエスチョンの答えを得ることが困難な場合もある。統計分析のエビデンスレベルは，実験的な方法に比べて低いものとなるが，収集するデータや分析方法を工夫することが可能かもしれない。事例研究は，データを用いた検証作業からはわからないような問題の本質（新しいリサーチ・クエスチョンや仮説）を拾い上げる可能性があり，少数事例を用いた比較を通じて，リサーチ・クエスチョンや仮説を洗練させていくことができるものと考えられる。それらの方法を組み合わせながら，問題の構造を理解し，効果的な対応策を組み立てることが望まれるわけである。研究計画においては，すべてやるというと個別の研究を軽んじているような印象もあるかもしれず，テーマやリサーチ・クエスチョンに応じて方法を 1～2 つ程度に絞り込んだ方が，具体的で，実行可能な印象を与える可能性があろう。

▌リサーチ結果の政策化

　政策科学は，政策に関する科学であるから，ある政策があたえる影響を科学的に明らかにすることが求められるであろう。したがって，リサーチ・クエスチョンや仮説には，政策そのものが含まれていることが望ましい。伊藤 (2011) では，具体的な政策手段として，鞭（強制），にんじん（誘引），説教（情報），直接供給の 4 つ分類を示している。

　「鞭（強制）」は，法律や条例による規制で，特定の業務への労働者派遣の禁止（法律）とか，一定の場所での自転車の駐車禁止（法律），路上禁煙地域での喫煙の禁止（条例）といった例が挙げられる。規制は，許可や認可等によって，条件を詳細に定めることが通例である。

「にんじん（誘引）」は，補助金や税，手数料などで対象者に誘引を与えるもので，エコカー補助金とか住宅ローン減税，医療費利用者負担割合といった例が挙げられる。誘因がどれほどの影響を持つかが論点となり，その評価には統計分析が有用と考えられる。

「説教（情報）」は，情報提供や啓蒙活動で，喫煙者の発ガン率データの公表，交通安全教育，振り込め詐欺についての啓発などの例が挙げられる。規制や補助金といった他の手段と併用することで効果を上げることも考えられるし，デザインや広告の知見も有用と考えられる。

個人や企業の行動をコントロールすることを目的に，鞭，にんじん，説教といった手段が取られるが，それ以外に政府や自治体が「**直接供給**」するという手段もある。交通インフラの建設，教育人件費を増額して少人数学級を実現するなどの例が挙げられる。

9.3 研究計画書の作成

フォーマット

先行研究をリサーチしながら，テーマ，リサーチ・クエスチョン，仮説づくり（複数個）ができてきたら，いよいよ研究計画書の作成に入る段階である。

社会的問題か？リアリティがあるか？データがとれそうか？新規性があるか？といった観点からテーマを決め，ネットや新聞記事，学術論文や学術書などの先行研究を集めて読み込んだ上で，「なぜ△△では○○なのか？」という形式のリサーチ・クエスチョン，「…であるほど，○○である」という形式の仮説が複数個用意できているか，ということが必要な準備となる。さらに，集めるべきデータや分析方法のイメージを書き出したり，研究ダイアグラムを作成したりすると，書き出しやすい。チェックリストを作成したので，考える際の参考にされたい。

本書では，次のようなフォーマットで，研究計画書を用意してみることを課題とする。ページ数や内容はイメージなので，扱う内容に応じて調整可能であるが，このフォーマットをベースとして作成することで，研究計画書の論旨展開を明快にすることができるであろう。

<研究計画書の作成準備チェックリスト>

☐テーマ：_____
　☐社会的問題か？　　　☐リアリティがあるか？
　☐データがとれそうか？　☐新規性があるか？
☐先行研究等を集めて，読み込んだか？
　☐WEB記事　☐新聞記事　☐学術論文　☐学術書
☐リサーチ・クエスチョンを作成したか？（なぜ△△では○○なのか？）
　☐ Type A:_____
　☐ Type B:_____
☐仮説を作成したか？（…であるほど，○○である）
　☐仮説1：_____
　☐仮説2：_____
　☐仮説3：_____
　☐仮説4：_____
　☐仮説5：_____
☐データの取得方法や検証方法を考えたか？
　☐データ1：_____
　☐データ2：_____
　検証方法　☐事例研究　☐比較　☐統計分析　☐実験
☐研究ダイアグラムを考えたか？

> **＜研究計画書のフォーマット＞**
> 0. タイトル，副題（必要があれば）
> 1. 研究の背景（0.5p 程度）：どうしてそのテーマにしたのか？
>   （エピソードを含めると訴求力が出てくる）
> 2. これまでの学習（2p 程度）：先行研究のリサーチ結果をまとめる
> 3. 研究の計画（2p 程度）
> 3.1. 研究の目的：先行研究の課題指摘から，研究概要や目的を示す
> 3.2. 研究方法：リサーチ・クエスチョンや仮説，データ取得や検証方法を書く
> 3.3. 期待される成果：どのような政策や対応につながるのかを書く
> 4. 参考文献（0.5p 程度）：先行研究を列記する

　最後に，参考として研究計画書（レポート）のサンプルを紹介するので，目を通した上で，自分の決めたテーマについて研究計画書を考案してみて欲しい。この計画書は，学部3年生が，半期15回の講義で，第6章から本章に至る内容のレクチャーを聞いて，最終課題として作成したものである。大学院入学のための研究計画書としては不十分かもしれないが，手順に従い短期で仕上げたファーストドラフトとしては十分な内容と思われる。

　さらに先行研究や研究方法について調べて内容をよく練ったり，学部の担当教員や大学院の受け入れ希望教員，あるいは大学院の先輩等に，読んでもらいコメントをもらい修正したりしていくことで，実際に大学院入学のための研究計画書としてブラッシュアップしていくことが可能であろう。

　この研究計画を作成した学生は，実際に卒業研究でこのテーマに取り組んだ。ここに掲げた内容のごく一部，自転車通勤者へのインタビューや，危険箇所のマッピングや傾向分析といった内容に留まったが，それでもリサーチ・クエスチョンや仮説を掲げて，研究方法までを事前に検討したことで，その後の研究で大きく迷子になることはなかった。

　他方，このように研究計画を作成せずに，いきなり卒業研究をはじめた学生の中には，膨大な情報や研究方法の煩雑さを前に混乱してしまい途方に暮れてしまうケースが少なくない。初学者の場合，その後，計画通りに進まないこと

の方が多いが,それでも先行研究をよく調べ,自分なりに仮説検証の道筋を考えて書き出すという行為を,論文作成の前に行っておくことは,重要なプロセスであると実感している.

　細かな書き方や内容はケースバイケースであろうが,このような事前のリサーチやプランニングのプロセスは,研究計画のみならず,デザインやビジネスなど,あらゆる活動のベースとして有用なものである.

研究計画書のサンプル

多様なモビリティ手段を考慮した道路交通整備のシナリオ分析
～町田市と渋谷区のフィールド調査から～

○○大学○○学部3年
○○ ○○

1．研究の背景

　私は、毎朝の通学で自宅から駅まで自転車に乗っているが、歩行者や自動車との接触や事故の危険を感じることが多く、自転車利用を考慮した道路交通整備に関心が強かったため、研究テーマとして選ぶことにした。「自転車に冷たい国」[1)]とも言われる我が国では、自転車と自動車の事故件数の増加を背景として、2015年6月、自転車に関する道路交通法が改正され、自転車利用に対する取り締まり（ソフト面）が強化されているが、自転車専用道路の整備などハード面での配慮も不可欠と考えられる。私が住んでいる町田市でも、一部自転車専用道路が整備されているが、その上に自動車の駐停車が見かけられる状況である。通勤などでの自転車利用も多い欧州諸国では、自転車専用道路の整備が進んでおり、我国の参考になるところも多いと考えられる。さらに、近年開発が進む自転車以外のセグウェイのような新しい交通手段や、障害者のための電動車椅子や手漕ぎ自転車など、多様なモビリティ手段があり、それらも考慮した道路交通整備が期待される。そこで、国内外の情報収集や関係者へのインタビューを通じて、多様なモビリティ手段を考慮した道路交通整備のあり方やそのシナリオ分析を行っていくことにした。

2．これまでの学習
2-1．道路交通法の改正について

　2015年6月の道路交通法の改正前は、自転車利用者の摘発はしにくかったが、改正後は取締りの幅が広がり、摘発の数が増えることが見込まれている。3年間のうち2回以上反則行為をした自転車利用者は、3時間にわたる「安全講習」を受けることになっており、先日運転免許試験場において既に同「安全講習」が開催されていることを聞いた。「安全講習」への参加手数料は5700円、「安全講習」を受けなかった場合は、裁判所への呼び出しと5万円以下の罰金となるそうである[2)]。

表1　2015年6月道路交通法改正の概要[(1)]

改正前
・罰則が罰金しか適用出来なかった。
・略式起訴ではあるが、裁判所に呼び出される上に、前科がついてしまう。

改正後
・反則行為を3年間のうち2回以上摘発された自転車利用者は、公安委員会の命令を受けてから3ヶ月以内の指定された期間に「安全講習」を受講する義務が発生する。

　自転車利用に関する主な違反行為は下記の通りである。注目すべき点は、歩行者用道路における自転車の義務違反である。歩行者用道路を自転車で通行するときは歩行者優先で通行し、基本的には車道を自転車は通行するというのが一般的な認識である。しかし、自転車が安全に通行できない車道が多く、車も自転車も事故が発生しやすい状況にある。つまり、道路交通法で定めているにも関わらず、安全な通行が出来ない環境にあるのである。自転車利用者を厳しく取り締まるだけでは不十分であり、欧米のような自転車専用道路の

1

整備を行ない、歩行者、自転車、自動車らが安全な通行が出来る環境を創ることが望まれるものと考えられる。

- ・信号無視 ・通行禁止違反 ・歩行者用道路における車両の義務違反
- ・通行区分違反 ・路側帯の歩行者妨害 ・遮断踏切への立ち入り
- ・交差点での優先道路通行車妨害等 ・交差点での右折車妨害等
- ・環状交差点安全運転義務違反等 ・指定場所一時不停止等
- ・歩道通行時の通行方法違反 ・制御装置不良自転車運転 ・酒酔い運転
- ・安全運転義務違反

2-2．日本国内の自転車道路整備例

　写真1に示すように、私の地元である香川県には自転車専用道路があり、歩行者、自転車、自動車の3レーンに分かれている道がある。歩行者道が広く整備され、その半分が自転車専用道路として利用されているイメージである。私が通学に利用している町田市では、写真2に示すような自転車通行指示があるが、自動車が駐停車されていることも多く、危険性が指摘できる。

写真1　香川県の自転車専用道路の例[2]　　写真2　町田市自転車通行指示の例[2]

2-3．諸外国における自転車利用の現状や取組み

　米国オレゴン州は自転車利用が盛んで、車道空間を自動車と共有する形態の自転車走行空間で形成されている[3]。写真3に示すように、自動車道路の車線の間に自転車専用レーンが設けられている。

写真3　米国オレゴン州の自転車利用[3]

　英国では、The National Cycle Strategyがあり、自転車交通の普及のために、自動車交通の利用コストを増加させることや、土地利用についても自転車交通にとって有利となるように計画されている。例えば、レスター市では自転車ネットワーク整備に1999、2000年度だけで70万（日本円で約1048億円）ポンドを投入している。交差点、信号部において自

転車走行安全性確保の対策が取られており、例えば、London 市内の自転車レーンでは Advanced Stop Line として信号部で自転車が自動車の前で停止するよう設計されている。これにより発進時の自動車との接触事故を防止する効果がある。York 市内では、交差点部で空間に余裕が有る場合、自動車と物理的に独立した自転車レーンを導入している[3]。

写真4 Advanced Stop Line[4]　　写真5 York 市内の自転車レーン[2]

オランダは、自転車交通の最も進んだ国の一つであり、TDMC プランで知られている。企業ごとに「交通プラン」を作成し、従業員ごとにその実施、採用を促進させること、自家用車での通勤を総通勤交通量の 20%以内に削減することを要求しており、屋根付きの自転車駐輪場の整備、カーシェアリング用の駐車場の整備、一人乗りの自家用車用の駐車場の撤去、通勤手当の見直しなどが具体的な推進内容となっている[4]。

2-4. モビリティの多様化
　セグウェイや電動車椅子等、多様なモビリティの開発や適用が進んでいる。中には、自転車と同様に歩道を通行することに危険が伴うものもあり、通行区分についての検討や道路整備などが必要と考えられる。

・セグウェイ

　セグウェイで公道を通行するには、自動車又は原動機付自転車と国土交通省が認定しているため、どちらかの免許が必要となる。また、道路幅が3メートル以上の歩道などに限り、地元の警察署が道路使用許可を取って、その使用する範囲には、危険防止のため誘導員の配置も必要となるという条件が存在している[5]。
　つくばモビリティ特区ではモビリティロボットの実験特区としてさまざまな社会実験が行われており、将来の普及、実用化の将来性が期待されている[6]。

・電動車椅子

　道路交通法の基準を満たした電動車椅子は、歩行者として扱われるため、狭い歩道での事故などが懸念される[6]。
　つくばモビリティロボット実験特区においては自律走行車いすの安全性や信頼性の検証が行われている。自律走行車いすは位置情報やセンサなどによって障害物検知、回避等が行えるようになってきている[7]。

多様な新たなモビリティが歩道や車道を走る際に、安全に通行できるような道路整備も重要な課題であり、自転車向けの道路整備と併せて取り組むべき課題と考えられる。

3．研究の目的

これまで自転車利用の促進に関する研究として、海外事例調査[3)7)]など、アンケート調査やそれに基づくシナリオ分析[4)]などなどの研究が行われてきた。また、セグウェイや電動車椅子などの取組み紹介や課題の考察[5)6)]などなどが行われてきたが、自転車とそれらの多様なモビリティを一体として、道路整備のあり方について論じたものは少ない。

障害者の方向けの車椅子は、電動化や手漕ぎで高速移動が可能なものなど多様化が進んでいる。GPSやナビゲーション機能が進み、従来の規格よりもコンパクトな自動運転車の開発なども想定されるところで、従来の自動車と歩行者という区分での道路整備では十分に対応できない可能性が高い。

そこで、本研究では、国内の道路整備の現状視察、自転車通勤・通学利用者や障害者および交通関係の企業や行政機関などへのインタビューにもとづいて、多様なモビリティを考慮した道路整備のシナリオを作成して分析を行ない、今後の道路整備のあり方について考察することを目的とする。

4．研究方法

研究の概要を下記のダイアグラムに示す。本研究は、「国内で多様なモビリティを考慮した道路整備が進まないのはなぜか？」というリサーチクエスチョンを掲げて進めていく予定である。仮説としては、「新たな道路整備に対する予算が不十分」「都市空間が過密化しており道路幅の拡張が困難」「東京では遠距離通勤が一般的で自転車通勤が少ない」「セグウェイや電動車椅子など新しいモビリティの利用数やニーズが少ない」などを考えているが、現地視察やインタビュー調査などを通じて探索を重ねる予定である。

①「文献調査・データ整理」では、国内外の交通、土木計画、都市計画、まちづくりなどの分野の先行研究を収集し、自転車や多様なモビリティ利用のための道路整備の状況について把握する。

②「現地事例視察」では、国内の道路における自転車や多様なモビリティ利用への配慮の有無を、実際に現地に赴き視察してくる。現時点では、現在居住している町田市、研究室がフィールドワークを行っている渋谷区、自転車専用道路が整備されている香川市を想定している。

③「インタビュー調査」は、町田市や渋谷区の警察・行政（道路整備関係）、自転車通勤者、セグウェイ販売業者、新たな車椅子の開発業者（2016超福祉展でのヒアリング）、道路整備関連業者（日本パーカライジング社など）を予定している。現状の取組や問題を聞きつつ、「なぜ道路整備が進まないのか？」に加えて、「どのような道路整備が望ましいのか？」について見解をうかがっていく。

④「道路整備のシナリオ分析」は、上述①〜③で収集したデータをとりまとめながら、自動車、歩行者以外の多様なモビリティ専用レーンの整備方法を分類して、それぞれのコストや課題、メリットなどを可視化して、最終的に我が国における自転車や新しいモビリティを考慮した道路整備のあり方について考察する。

図　研究ダイアグラム

5．期待される成果

所属する研究室では、渋谷区等をフィールドとして、認知症関連のプロジェクトや、防災関係の活動を行っており、研究成果を、超福祉展という渋谷ヒカリエで開催される大規模な展覧会[8]でプレゼンしたり、地元のまちづくり協議会が主催するプレゼンテーションイベントで報告する機会があった。研究成果を、学術論文としてまとめると同時に、現地視察で撮影する写真、インタビュー調査で収集する言語情報、さらに独自に作成するシナリオ分析や考察などを、スライドにまとめたり、掲示用のポスターとしてまとめ、大規模な展覧会の来場者や地元のまちづくりの関係者へプレゼンテーションしていきたい。

研究フィールドとする渋谷は、2020年東京オリンピックメインスタジアムに近接することもあり、メインスタジアムの整備、渋谷駅周辺の再開発、原宿駅の拡張など新たな空間整備が目白押しであり、新たな道路整備の可能性を秘めた土地である。障害のある方やLGBTの方も含めたダイバーシティなまちづくりを標榜している渋谷区において、自動車以外の自転車やセグウェイや電動車椅子などの多様なモビリティに配慮した道路整備は喫緊の課題であり、本研究成果が区や都の新たな道路整備の取組みの参考になることを期待するものである。

参考文献
1) 馬場直子（2014）「自転車に冷たい国、ニッポン：安心して走れる街へ」岩波書店.
2) 毎日新聞「ことば：自転車の危険行為」西部夕刊1頁政治面, 2016年6月2日.
3) 橋本成仁（2003）「都市における自転車交通促進政策に関する研究」『日本交通政策研究会』日交研シリーズ A (276), pp.1-25
4) 留守洋平（2004）「自転車通勤の推進に関する基礎的研究」東京大学大学院工学系研究科都市工学専攻都市交通研究室修士論文
5) 橋本尚久（2014）「新しい移動手段としてのモビリティロボットの現状と課題」『電子情報通信学会誌』97(6), pp.507-512
6) 松本 治（2015）「産総研のスマートモビリティに向けた取り組み」『日本ロボット学会誌』33(8), pp.573-576
7) ズザンネ・エルファディング（2009）「持続可能な都市交通に向けた道路空間の再構成に関する研究-ドイツ諸都市における歩行者・自転車空間拡大の手法と取り組み-」早稲田大学モノグラフ18
8) 日経テクノロジーonline「渋谷で体験、福祉の常識を覆す「超福祉の世界」」スポーツイノベイターズ, 2015年11月11日.

補注
(1) 道路交通安全協会 http://www.jtsa.or.jp/new/koutsuhou-kaisei.html
(2) グーグル・ストリートビューより
(3) オレゴン州 ポートランドの自転車通勤風景 http://www.grumpy.jp/?p=16108
(4) Advanced Stop Line
　　http://www.cycling-embassy.org.uk/dictionary/advanced-stop-line
(5) オランダの自転車風景
　　http://acehome.sakura.ne.jp/stuff/s/2011/09/post-60.html
(6) セグウェイについて http://www.segway-japan.net/lineup/index.html
(7) 電動車椅子について
　　http://www.yamaha-motor.co.jp/wheelchair/lineup/swing/spec/

リーディングガイド

- 伊藤修一郎（2011）『政策リサーチ入門』，東京大学出版会
- ロバート・D・パットナム著・河田潤一訳（2001）『哲学する民主主義』，NTT出版
- 中室牧子・津川友介（2017）『「原因と結果」の経済学』，ダイアモンド社

第10章
政策リサーチの実例

　第9章では，政策リサーチの研究計画立案について紹介してきた。その対として，最終章では，実際に刊行された研究論文を紹介することで，政策リサーチの理解を深めてもらいたい。

10.1　東日本大震災による液状化被害への家計対応と行政支援

　副題は，「千葉県浦安市および習志野市の激甚被災地域を対象とした比較分析～」と題した査読付論文である。東日本大震災千葉県調査検討委員会に参加する機会を得て，「世界最大規模」[1]と言われた液状化被害に着目することとなり，講義や演習で，『政策リサーチ入門』を読んだことが調査設計の背景の1つとなったと記憶している。学部学生有志数名と，直に自治会を尋ねたり，お祭りに参加させていただいたこと，調査票の印刷を行なったり，一票一票入力していったことなどを思い出す。本論文により日本計画行政学会学術奨励賞を受賞した。記述は，基本的に2014年6月時点の情報による（一部追記）。

(1) はじめに
a) 東日本大震災による住家の液状化被害
　2011年東日本大震災では，津波被害や原発事故と同時に，液状化被害が大量に発生した。国土交通省によると，平成23年9月時点で，全国でおよそ2万7千件の住家被害が発生し，そのおよそ3分の2にあたる約1万9千件の住

---

[1] 2011年7月10日のNHKスペシャル（午後9時）では，「東京湾の沿岸部だけでも東京ドーム900個分に相当する約4200 haで液状化が起き，住宅被害は関東地方だけで約1万7000棟」にのぼり，その被害規模が"世界最大"であると報道された。

家被害が千葉県で発生している。

住家の被害認定は,「災害に係る住家の被害認定基準運用方針」(平成 21 年内閣府)等に基づき市町村により行なわれていたが,東日本大震災後,液状化被害の実態にそぐわないという判断から,認定基準の見直しが行なわれた。表 10.1 に示す通り,従来,四隅の傾斜の平均が 1/20 以上は全壊で,1/20 未満は被災者生活再建支援制度の対象となる半壊に至らないものとされていた。見直しにより,四隅の傾斜の平均が 1/60 以上 1/20 未満が大規模半壊,1/100 以上 1/60 未満が半壊と認定されることとなった。

表 10.1 液状化の被害認定基準の見直し

傾斜	東日本大震災以前※1	東日本大震災以後※2
1/20 以上	全壊	全壊
1/60 以上 1/20 未満	―	大規模半壊
1/100 以上 1/60 未満	―	半壊
1/100 未満	―	―

※1 災害に係る住家の被害認定基準運用指針(平成 21 年 6 月改正)(内閣府(防災担当))より　※2 地盤に係る住家被害認定の調査・判定方法について(平成 23 年 5 月)(内閣府政策統括官(防災担当)付参事官)より

b) 液状化被災世帯に対する行政支援

被災者生活再建支援制度は,被災程度と再建方法により支援額が異なる。液状化被害を受けて,地盤復旧工事をする場合,全壊だと 200 万円(単身世帯の場合 150 万円),大規模半壊だと 150 万円(単身世帯の場合 112.5 万円)が支援されるが,半壊や一部損壊の場合は支援金が無いという問題があった。

そこで,県では,液状化等被害住宅再建支援制度を設け,半壊や半壊に至らない被害認定の場合でも,地盤復旧工事をする世帯へは 100 万円(単身世帯の場合 75 万円)の支援を行なった[2]。

---

[2] 半壊で再建方法が補修の場合は,25 万円の補助金が給付される。なお,県からは災害義援金の配分(全壊 100 万円,半壊 50 万円)もあった。

さらに，浦安市では，独自の液状化等被害住宅再建支援事業補助金を設け，地盤復旧のみならず，建替えや補修にも補助金を給付することとした。一方，本稿で比較対象とする習志野市では，独自の支援事業は設けられていない。

結果として，同じ液状化被害を受けても，住んでいる自治体によって支援金が異なるという状況が発生した。例えば，半壊で地盤復旧をする場合，浦安市では200万円の補助金が支給されるが，習志野市の補助金額が100万円となる（表10.11）。

c) 再液状化被害軽減に対する行政支援

上記の様な個別の液状化被害への対応に加えて，再液状化被害軽減の取り組みとして，市街地液状化対策事業（国土交通省により2011年度第3次補正予算で創設）が検討されていた。格子状地中壁工法や地下水位低下工法などの具体的な方法が挙げられ，地下水位低下工法については費用や維持管理に加えて地盤沈下のリスクといった課題があり，格子状地中壁工法についてはより高額な初期費用や地中壁による宅地掘削の制限といった課題が指摘されていた。

取り組み状況は自治体によって異なり，2014年6月時点で，工事計画実施段階に入った箇所もあれば，これから調査を行なう段階の箇所もあった。街区単位の液状化対策の合意形成の困難性や，沈下したら再度修正を行なえばよいという考え方があることも指摘されていた（中野2012）。

市街地液状化対策事業の進展については，以上のような状況であったが，個々の液状化被害への対応は，震災後約3年を経過する時期となり相当程度進んだものと考えられ，その実態を記録しておく必要性が指摘できた。

d) 既往研究と本研究の目的

東日本大震災千葉県調査検討専門委員会でも指摘[3]されているように，安田ら（2012）のような，地盤工学や建築工学分野における物理的な液状化被害の記録を進めると同時に，齋藤ら（2013）のような被災した世帯の状況や対応実

---

[3] 「東日本大震災を受けての提言（平成24年4月25日）」に，液状化被害に関して「地質構造と揺れ方や液状化及びこれに伴う側方流動，行政や県民の対応等について調査・研究」の必要性が記されている。https://www.pref.chiba.lg.jp/bousai/shingikai/higashi-iin/documents/teigen.pdf（最終閲覧：2018年11月）

10.1 東日本大震災による液状化被害への家計対応と行政支援

表 10.2 液状化被災世帯に対する行政支援（千葉県浦安市および習志野市の場合）

被害認定	再建方法	国 基礎支援	国 加算支援	県 支援金	市 浦安市	市 習志野市	合計（災害義援金や税減免等除く）※3 浦安市	合計 習志野市
全壊	同一居宅にて建替え	100 (75※1)	200 (150※1)	—	100	—	400	300
	別の場所に建替え・購入						300	300
	賃貸		50 (37.5※1)		—		150	150
	補修		100 (75※1)		100		300	200
	地盤復旧				100		300	200
	何もしない	100 (75※1)	—	—	—		100	100
大規模半壊	同一居宅にて建替え	50 (37.5※1)	200 (150※1)	—	100	—	350	250
	別の場所に建替え・購入						250	250
	賃貸		50 (37.5※1)		—		100	100
	補修		100 (75※1)		100		250	150
	地盤復旧				100		250	150
	解体※2	全壊扱い					全壊扱い	
	何もしない	50 (37.5※1)	—	—	—		50	50
半壊	同一居宅にて建替え	—	—	—	100	—	100	0
	別の場所に建替え・購入				—		0	0
	賃貸				—		0	0
	補修				25	25	50	25
	地盤復旧			100 (75※1)	100		200	100
	解体※2	全壊扱い					全壊扱い	
	何もしない	—	—	—	—		0	0
半壊に至らない（一部損壊）	同一居宅にて建替え	—	—	—	100	—	100	0
	別の場所に建替え・購入				—		0	0
	賃貸				—		0	0
	補修				—		0	0
	地盤復旧			100 (75※1)	100		200	100
	解体※2	全壊扱い					全壊扱い	
	何もしない	—	—	—	—		0	0

※1 被災時単身世帯の場合．複数世帯の4分の3．※2 液状化による被害が生じたこと等で当該住宅を解体する場合．※3 被災時複数世帯の場合．

態などの社会経済的な側面についての記録も重要である。

齋藤ら（2013）は，千葉県浦安市内の3地区876世帯を対象とした質問紙調査から，液状化が与える生活・身体・経済面への影響を総括的に記録しているが，調査対象が浦安市に限定されている点，復旧方法の詳細や，行政補助を含めた費用工面などに分析の余地が見出された。

東日本大震災による液状化被害に対して，浦安市が独自の行政補助を行ったことは特徴的であり，その効果を分析するためには，浦安市に加えて，その他の市独自の行政補助を設けていない自治体を対象とする必要がある。

本研究では，東日本大震災による液状化被害に対して，対応が異なる2つの自治体を比較しながら，各家計の対応実態を詳細に記録し，各世帯の復旧工事への補助金事業の影響を明らかにすることを目的として，調査分析を行った。

(2) 調査の方法

a) 調査対象の選定

調査対象の選定にあたり，千葉県庁，浦安市役所，習志野市役所の液状化被害に対する住宅再建支援事業の関係部署を尋ねて，資料収集を行なった。直接，調査設計に用いた資料は以下の通りである。

- 千葉県庁：県内における液状化を始めとした地盤被害発生世帯の内訳（平成24年8月末時点）
- 浦安市：浦安市液状化対策技術検討調査委員会資料，自治会マップ
- 習志野市：東日本大震災から1年記録誌

調査は，大学研究室による自主調査であり，通常のポスティングでは回収率が大幅に低くなることが想定されたため，自治会へ協力を依頼し，自治会の回覧ネットワークにより配布回収する方法をとった。

調査対象の選定にあたり，まずは，上述の千葉県庁の「県内における液状化を始めとした地盤被害発生世帯の内訳」より，液状化等地盤被害発生世帯数が最大の浦安市（約3万3千世帯）と，次に多い習志野市（約6千世帯）を対象とすることを決定した。

浦安市は，上述の提供資料[4]で「特に建物被害の多いところ」で，「道路被害大エリア」に接している地区にある5つの自治会長を直接たずね，調査に協

力いただける 2 自治会を得た．

習志野市は，上述の提供資料[5]で「半壊・大規模半壊被害が多い地区」2 つの自治会長を直接たずね，調査に協力いただける 1 自治会を得た．浦安市で 2 自治会からの協力が確定し，比較を行なうためにサンプル数を増やすことを狙い，「半壊・大規模半壊被害が多い地区」に隣接する「一部破損・半壊被害が多い地区」2 つの自治会長を直接たずね，調査に協力いただける 1 自治会を得た．

b）調査概要

調査協力を依頼した自治会長等からのコメントを参考としながら，調査票の作成を行い，下記の通りの調査を実施した．

- 調査方式：質問紙による調査
- 調査対象：千葉県浦安市で液状化による住宅被害が大きい地区にある 2 自治会，同習志野市で液状化による住宅被害が大きい地区にある 2 自治会に属する全世帯
- 調査期間：配布 2013 年 12 月～2014 年 1 月
  回収 2014 年 1 月～2 月
- 配布数：浦安市 1050 票，習志野市 551 票
- 回収数：浦安市 385 票，習志野市 138 票
- 回収率：浦安市 36.7％，習志野市 25.0％
- 調査項目：液状化の被害や対応について（避難，自宅の被害，地震保険，被害対応，工事費用とその工面方法，地盤復旧・沈下傾斜修復工事の方法），世帯や住まいについて（世帯人数，世帯主年齢，住宅構造，住宅の種類，床面積，建築時期，居住継続意思，再液状化の危険認識），今後の液状化対策について（根本的な対策への支払い意思額）

---

[4] http://www.city.urayasu.lg.jp/_res/projects/default_project/_page_/001/002/934/lasthoukoku01.pdf（最終閲覧：2018 年 11 月）の 7p の被害図を参照とした．

[5] http://www.city.narashino.lg.jp/kurashi/bosaibohan/bosai/daisinsai/kirokushi.files/1nenkirokushi_.pdf（最終閲覧：2018 年 11 月）の 3p の家屋被害図を参照とした．

c）回答者属性

 浦安と習志野のサンプルの差異を眺めると，世帯人数（平均3.2人），世帯主年齢（平均59〜61歳），住宅床面積（平均135〜141 m^2），再液状化危険性の認識については，ほぼ同じ様な傾向であった。

 一方，住宅構造，住宅の種類，建築時期，居住継続意思には若干の差異が見られた。浦安の方がやや非木造が多いが，1980年以前の住宅も多い傾向が見られた。習志野市で，「他の地域に引越したい」という回答が，若干多い傾向が見られた。

(3) 被害・対応実態

a）自宅被害

 持家世帯を対象として，液状化による自宅被害の程度について尋ねた結果を市ごとに集計した結果を表10.3に示す。市による被害程度の傾向に大きな違いは見られない。全壊は1％程度と非常に少ない。大規模半壊が25％程度，半壊が30％程度で半数以上となる。半壊未満が30〜40％程度であった。

 持家世帯を対象として，液状化による自宅被害の詳細について尋ねた結果を市ごとに集計した結果を表10.4に示す。市による自宅被害の詳細の傾向に大きな違いは見られなかった。建物被害詳細を見ると，傾斜が8割程度と最も多い。次に，沈下が4割程度，建具被害が4割程度，給排水設備が3割程度と続いた。ガスや電気設備の被害は相対的に少なかった。

 敷地被害詳細を見ると，沈下が6割，隆起が1割程度であった。道路との段差が5割程度発生し，塀・門扉の被害も6割近くで発生していた。インフラ系では，下水配管の被害が4割程度と多いが，ガスや電気の被害は相対的に少なかった。

b）家計対応

 持家世帯を対象として，液状化被害の対応方法と経費内訳について尋ねた結果を，市および被害程度ごとに集計した結果を表10.5に示す。

 市ごとに合計費用を見ると，浦安市で平均690万円，習志野市で平均659万円と大きな違いは無いが，地盤復旧／沈下傾斜修復の費用が，浦安市では平均393万円に対して，習志野市では平均640万円と大きな差が見られた。

表 10.3　自宅の被害程度

被害程度	浦安市 度数	浦安市 %	習志野市 度数	習志野市 %
全壊	3	1%	1	1%
大規模半壊	89	26%	34	26%
半壊	110	32%	42	32%
半壊未満	134	39%	43	32%
不明・その他（調整中など）	1	0%	2	2%
被害はなかった	4	1%	10	8%
欠損	2	1%	1	1%
合計	343	100%	133	100%

表 10.4　被害詳細

建物被害	浦安市	習志野市	敷地被害	浦安市	習志野市
沈下	42%	37%	沈下	59%	58%
傾斜	78%	86%	隆起	12%	9%
基礎	20%	23%	道路との段差	42%	56%
外壁	29%	29%	砂の噴出	75%	63%
内壁	15%	22%	玄関周り	45%	54%
建具（扉，シャッター等）	34%	45%	塀・門扉	55%	58%
電気設備	8%	3%	車庫	34%	51%
給排水設備	37%	30%	上下配管	27%	19%
空調換気設備	6%	5%	下水配管	42%	39%
ガス設備	15%	7%	ガス配管	11%	6%
			電気配線	4%	3%
合計	316	113	合計	315	109

30% 以上は太字。50% 以上は背景灰色。

表10.5　液状化被害への対応方法と経費内訳

対応方法			建替え	地盤復旧,沈下傾斜修復	家屋の補修工事	外塀や門扉の修復	その他	合計
市	浦安市	度数	16	160	89	90	49	229
		比率※	5%	47%	26%	27%	15%	68%
		平均値	4125	393	207	151	166	690
	習志野市	度数	5	31	23	26	19	60
		比率※	4%	25%	19%	21%	16%	49%
		平均値	2920	640	122	102	77	659
自宅被害	大規模半壊以上	度数	11	79	46	33	16	92
		比率	9%	62%	36%	26%	13%	72%
		平均値	4155	523	244	144	164	959
	半壊	度数	7	77	38	30	18	99
		比率	5%	51%	25%	20%	12%	65%
		平均値	3057	424	150	138	104	663
	半壊未満	度数	3	35	28	52	34	97
		比率	2%	26%	21%	39%	25%	72%
		平均値	4500	250	153	141	149	450

※持家世帯のうち被害程度が「被害は無かった」あるいは欠損を除いたサンプルを母数とした比率。

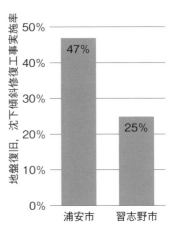

市ごとに対応工事の実施比率を見ると，浦安市では68%の世帯が何らかの工事をしているのに対して，習志野市では49%に留まる。実施比率に最も大きな差が見られるのが，地盤復旧／沈下傾斜修復である（表10.5付図）。

被害程度ごとに合計費用を見ると，大規模半壊以上で平均959万円，半壊で平均663万円，半壊未満で平均450万円と明確な差が確認された。

被害程度ごとに対応実施比率を見ると，大規模半壊以上で72%，半壊で65%，半壊未満で72%と，大きな差異は見られず，被害程度に寄らず何らか対応を行っている世帯が多い。

持家世帯を対象として，液状化被害への対応費用の工面方法内訳について尋ねた結果を市および被害程度ごとに集計した結果を表10.6に示す。回答サンプル数が一致しないため，表10.5と若干数値が異なる。

市ごとに合計費用を見ると，浦安市で平均700万円，習志野市で平均693万円と大きな違いは無い。行政からの補助金が，浦安市では平均227万円に対して，習志野市では平均147万円と大きな差が見られた。また，世帯数は少なくなるが，金融機関からの借入れでも大きな差がみられ，浦安市では平均1634万円に対して，習志野市では平均665万円となった。

市ごとに費用工面方法の比率を見ると，行政からの補助金で差が大きく，浦安市では54%の世帯が補助金を受給しているのに対して，習志野市では29%と少ない。

被害程度ごとに費用工面方法の比率を見ると，行政からの補助金で差が大きく，大規模半壊以上では67%の世帯が補助金を受給しているのに対して，半壊未満では31%と少なくなる。

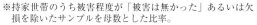

表10.6　液状化被害への対応費用の工面方法内訳

市			資産（預貯金等）の取崩し	行政からの補助金	地震保険金	金融機関からの借入れ	その他	合計
市	浦安市	度数	138	181	92	28	19	239
		比率※	41%	54%	27%	8%	6%	71%
		平均値	413	227	346	1634	144	700
	習志野市	度数	45	35	27	13	7	58
		比率※	37%	29%	22%	11%	6%	48%
		平均値	355	149	341	665	110	693

※持家世帯のうち被害程度が「被害は無かった」あるいは欠損を除いたサンプルを母数とした比率。

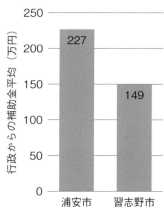

(4) 地盤復旧／沈下傾斜修復費用
a) 基礎統計

表10.4に見たように，液状化の被害内容は多岐にわたるが，そのうち建物傾斜や地盤沈下が主要な被害であり，表10.5に見たように地盤復旧／沈下傾斜の工事実施比率が最も多い。

地盤復旧／沈下傾斜の修復費用については，工事時期が遅くなるほど費用が安くなったことや，業者や工法によって見積金額が大きく異なったことが聞かれた[6]。工事終了時期（経過月数）と工事費（万円）の関係について図10.1にプロットした。同じ工事終了時期でも金額のばらつきが大きく，明確な関係性を読み取ることは難しかった。

工法と工事費（万円）の関係について図10.2にプロットした。アンダーピニング工法や耐圧版工法では，中央値が500～700万円程度と高額であったが，それ以外の中央値は200～300万円程度で，工法による金額の差異が明確であった。

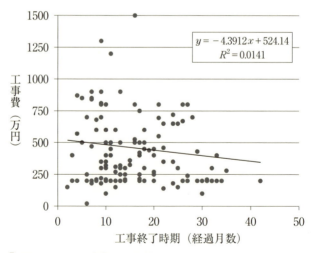

図10.1　工事費と工事終了時期の関係

---

[6] 調査協力を依頼した自治会長らへのヒアリングによる。

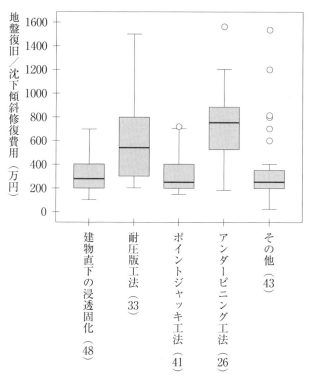

■ 図 10.2　工事費と修復方法の関係

b) 工事費用の重回帰分析

次に，他の変数の影響をコントロールして，工事費用の要因分析を行うことを目的とした重回帰分析を行なった．説明変数には，床面積や工事終了時期，工事方法（浸透固化，耐圧板工法，ポイントジャッキ工法，アンダーピニング工法ダミー）に加えて，工事費用と関係すると考えられる被害程度（大規模半壊以上ダミー），住宅構造（非木造ダミー），建築時期（1980年以前ダミー），地域（習志野ダミー），行政支援（行政補助ダミー）を投入した重回帰分析を実施した結果を表10.7に示す[7]．修復方法や住宅構造，床面積や行政補助の有無によって，修復費用が異なってくることが統計的に確認された．工法や構造などの影響をコントロールしても，行政補助を受けて修復工事をした世帯で，工事費用が安価になっていた．

表10.7　工事費用の重回帰分析結果

独立変数	偏回帰係数	標準化偏回帰係数	t 値
（定数）	381.05		3.518 ＊＊＊
床面積（m^2）	1.19	0.23	2.801 ＊＊
工事終了時期	－3.68	－0.11	－1.163
建物直下の浸透固化ダミー	－1.89	0.00	－0.029
耐圧板工法ダミー	135.54	0.17	2.071 ＊
ポイントジャッキ工法ダミー	－63.78	－0.09	－1.027
アンダーピニング工法ダミー	272.54	0.31	3.225 ＊＊
大規模半壊以上ダミー	73.09	0.12	1.403
非木造ダミー	202.02	0.24	3.002 ＊＊
建築時期80年以前ダミー	－61.89	－0.07	－0.880
習志野ダミー	10.06	0.01	0.131
行政補助金ダミー	－160.84	－0.17	－2.203 ＊
n	126		
決定係数	0.367		
調整済み決定係数	0.306		
モデル適合度	p＝0.000		

注：＋：$p<0.10$，＊：$p<0.05$，＊＊：$p<0.01$，＊＊＊：$p<0.001$

(5) 根本的な対策への支払い意思額
a) 調査票形式と提示金額の設定

　建物直下の浸透固化やポイントジャッキ工法など地盤復旧／沈下傾斜への対応の大半は，安価で応急的な修復であるため，再液状化を予防するための市街

---

[7] 多重共線性の程度を測定する指標 VIF（Variance Inflation Factor：分散拡大要因）を，全ての説明変数について計算した。結果は，1.067 から 1.671 とすべて 2 以下であり，多重共線の疑いは回避されるものと判断できる。

地液状化対策事業が別に検討されているが,その際には住民に新たな費用の負担が求められる。そこで,本稿では,CVM(仮想市場評価法)を用いて根本的な液状化対策への支払い意思額の推定を行なった。

調査票は,図 10.3 に示すように,2 段階 2 選択式とした。提示額は,表 10.8 に示す通りである。提示額は,液状化被災世帯に対する行政支援や,浦安市の液状化対策費用に関する資料[8]を参考に設定した。集計した結果も表 10.8 に示す通りで,426 票と CVM 解析に十分な票数が確保できた。

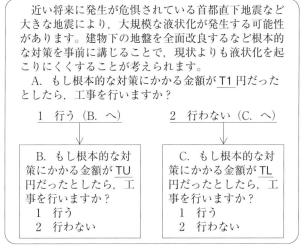

図 10.3 支払い意思額を尋ねる調査票の形式

---

[8] 浦安市「小規模建築物(戸建)の液状化による沈下傾斜修復工法一覧」http://www.city.urayasu.lg.jp/_res/projects/default_project/_page_/001/002/934/03_tinnkasyufukukouhou.pdf(最終閲覧:2018 年 11 月)

■ 表10.8 設定金額と回収票数

提示金額（万円）			回答				合計
T1	TU	TL	YY	YN	NY	NN	
100	200	50	36	34	19	32	121
200	300	100	29	14	28	39	110
300	400	200	17	8	28	37	90
400	500	300	19	2	15	69	105
						総計	426

b）支払い意思額の推定およびその影響分析

　アンケートの回答を用いて支払い意思額を推定した。推定には，栗山浩一「Excel でできる CVM Ver4.0」[9] を利用した。同ファイルの利用方法については，栗山他（2013）に詳しい。表 10.9 は，ダウンロードした EXCEL ファイルの「シート（4）ダブルバンド　ロジット」を用いて作成した。表 10.10 は，同ファイルの「シート（7）フルモデル用データ」にデータを入力し，「シート（9）フルモデル　ダブル」に出力された結果である。

　支払い意思額の中央値は約 154 万円，平均値は約 209 万円と推定された。すなわち，浦安市および習志野市の液状化による被害が大きい地域における根本的な液状化対策に支払っても構わないと思う金額は，約 154 万円から 209 万円と推定された。

　次に，根本的な液状化対策への支払い意思額がどのような変数によって影響を受けるのかを分析した結果を表 10.10 に示す。投入した説明変数のうち，統計的に有意な影響が確認された変数は，地域（習志野ダミー），資産（延床面積），意識（居住継続意思）の 3 つであった。特に，居住継続意思は 5% 水準で有意となった。液状化被害への対応に対する行政支援の有無は，根本的な液状化対策への支払い意思額と直接的には関係していなかった。

---

[9] http://kkuri.eco.coocan.jp（最終閲覧：2018 年 11 月）

10.1 東日本大震災による液状化被害への家計対応と行政支援

表10.9 対数線形ロジットモデルの推定結果

パラメータ	係数	t 値	p 値	
constant	7.25	14.83	0.000	***
ln（Bid）	−1.44	−15.30	0.000	***
回答数	426			
対数尤度	−543.6			
支払い意思額（中央値）	153.5			
支払い意思額（平均値）	209.4			

注：＋：$p<0.10$，＊：$p<0.05$，＊＊：$p<0.01$，＊＊＊：$p<0.001$

表10.10 支払い意思額への影響分析結果

(概要)	変数	係数	t 値	p 値	
	constant	6.339	7.82	0.000	***
	ln（Bid）	−1.521	−13.79	0.000	***
(地域)	習志野ダミー	−0.423	−1.73	0.084	＋
(被害)	大規模半壊以上ダミー	0.067	0.29	0.774	
(防災)	地震保険加入ダミー	−0.054	−0.27	0.790	
(行政)	行政補助ダミー	−0.058	−0.26	0.793	
(世帯)	世帯主年齢	0.011	1.30	0.193	
(資産)	延床面積（m^2）	0.003	1.72	0.086	＋
(意識1)	居住継続意思強ダミー	0.517	2.46	0.014	＊
(意識2)	再液状化危険意識強ダミー	0.233	1.09	0.276	
	n	365			
	対数尤度	−462.45			

注：＋：$p<0.10$，＊：$p<0.05$，＊＊：$p<0.01$，＊＊＊：$p<0.001$

c）居住継続意思の要因分析

支払い意思額との統計的な関係性が確認された居住継続意思について，その要因を分析するために，居住継続意思強ダミーを目的変数とした2項ロジスティック回帰分析を行った。ロジステック回帰分析では，比率yと説明変数xの間に次の関係を想定している。Bは推定されるパラメータのベクトルである。

$$y = \frac{1}{1+exp\{-(B_0 + \Sigma B_k x_k)\}}$$

分析結果を，表10.11に示す。世帯主年齢が0.1％水準で有意と強い関係性が見られた。高齢の世帯ほど居住継続意思が高いという傾向が確認された。

そこで，最後に，液状化対策への行政補助の間接的な効果の有無を確認するため，行政補助の有無をコントロール変数とした世帯主年齢と居住継続意思のクロス集計とカイ2乗検定および調整済残差の計算を行った。クロス集計表における残差とは，期待度数と観測度数の差のことで，調整済残差は，平均0，標準偏差1の正規分布に近似的に従うよう調整された値である。2以上（もしくは-2以下）のものを統計的に特徴的なセルと見なすことができる。計算結果を，表10.12とした。

行政補助がない場合は，世帯主が59歳未満の世帯で居住継続意思が弱く，世帯主が60歳以上の世帯で居住継続意思が強いことが，統計的に有意な関係性として確認されたが，行政補助があった場合は，その関係性が統計的に有意とはならなくなることが見出された。液状化対策への行政補助は，中若年世代の居住継続意思に影響を及ぼしていることが確認された。液状化対策への行政補助は，中若年世代の居住継続意思を媒介して，間接的に，根本的な液状化対策への支払い意思額に影響していると考えられる。

(6) まとめと考察

本分析では，千葉県の浦安市と習志野市において東日本大震災による住家の液状化被害が甚大であった地域を対象として，質問紙調査により被害対応や工事費用の実態，根本的な液状化対策への支払い意思額の分析を行った。

東日本大震災後の液状化被災世帯の再建／復旧工事に対する行政支援は，国以外にも，県，市から提供されている場合がある。千葉県では，県が補助金事

10.1 東日本大震災による液状化被害への家計対応と行政支援

表 10.11 居住継続意思の要因分析結果

(概要)	変数	係数	Exp(B)	p 値
	constant	−0.917	0.40	0.157
(地域)	習志野ダミー	−0.456	0.63	0.067 +
(被害)	大規模半壊以上ダミー	0.148	1.16	0.550
(防災)	地震保険加入ダミー	0.409	1.51	0.056 +
(行政)	行政補助ダミー	0.085	1.09	0.709
(世帯)	世帯主年齢	0.031	1.03	0.000 ***
(資産)	延床面積 (m^2)	−0.004	1.00	0.071 +
(意識)	再液状化危険意識強ダミー	−0.370	0.69	0.097 +
n		402		
Nagelkerke R2 乗		0.086		
的中率		61.2		

注：+：$p<0.10$，*：$p<0.05$，**：$p<0.01$，***：$p<0.001$

表 10.12 行政補助×世帯主年齢×居住継続意思

行政補助	世帯主年齢 (n)	項目	居住継続意思 弱	居住継続意思 強	正確有意確率 (両側)
無	59歳未満 (125)	% 調整済残差	55.2% 2.8	44.8% −2.8	0.006 ***
無	60歳以上 (161)	% 調整済残差	38.5% −2.8	61.5% 2.8	
有	59歳未満 (93)	% 調整済残差	45.2% 1.7	54.8% −1.7	0.123
有	60歳以上 (126)	% 調整済残差	34.1% −1.7	65.9% 1.7	

注：+：$p<0.10$，*：$p<0.05$，**：$p<0.01$，***：$p<0.001$

業を設けた他に，浦安市が独自の補助金事業を設けたが，習志野市では同事業は設けられず，同じ液状化被害を受けても，市によって支援が異なるという状況が発生した。そこで，行政補助の有無に注目して，以下の3つの直接的・間接的な影響について分析考察した。

（行政補助の直接効果） 対象地区の被害程度はほぼ同じであるが（表10.3，表10.4），地盤復旧／沈下傾斜修復の工事実施率は倍程度の差異（浦安市は47％，習志野市は25％）が見られている（表10.5）。行政補助の有無が，両市の工事実施率の差異に少なからずの影響を及ぼした可能性を指摘できる[10]。

（行政補助の間接効果①） 工法や構造などの影響をコントロールしても，行政補助を受けて修復工事をした世帯で，工事費用が安価になっている（表10.7）ことから，行政補助の有無が工事費用の低減に影響していたと考えられる。調査協力を依頼した自治会長らへのヒアリングでは，浦安市では半壊以下の被害でも地盤復旧工事をする際には200万円の補助金が受け取れるため，工事業者が工事費用を行政補助額に合わせて低減させていた，との声が聞かれた。習志野市では同様のケースで補助金額が100万円となってしまうため，工事業者の対応限度を超えてしまい，工事の実施や補助金給付が進まなかったものと考えることができる。

（行政補助の間接効果②） 液状化被害への対応についての行政補助は，中若年世代の居住継続意思に影響を及ぼしていると考えらえる（表10.12）。居住継続意思が高まると，根本的な液状化対策への支払い意思額が増加する（表10.10）。すなわち，液状化被害対応への行政補助は，中若年世代への居住継続意思を媒介として，再液状化対策へも寄与する可能性がある。

最後に，平成22年度の財政力指数を見ると，浦安市1.61に対して習志野市は0.93と1を下回っていた[11]ことを付け加えたい。災害時に財政力が強い基礎自治体で独自の補助金事業が可能だが，そうではない基礎自治体では同様の

---

[10] 工事実施率には，居住者の所得や資産なども影響すると考えられるため，行政補助の有無のみを要因として主張するものではない。本稿の調査では，協力自治会の意向から，居住者の所得や資産に関する質問を設けることができなかったため，因果関係の特定には至っていないが，後述する間接効果が見られたことも勘案し，市独自の支援が工事実施率に少なからず影響を与えたのではないかと考察できると判断した。

事業が実現できないことが容易に想像できる。

　本分析で示した様に，行政補助は各家計の対策へ直接的および間接的に影響を持つと捉えることができるものであり，同じ液状化被害を受けても，市によって被災世帯の復旧工事に対する行政補助が異なっているという状態が妥当であるとは考えにくい。「市町村中心」と言われる（例えば，飯尾2014など）我が国の巨大災害への対応システムがもたらしている問題の1つとして提示できよう。

(7) 政策リサーチの視点からの振り返り

　最後に，テーマ，先行研究，リサーチ・クエスチョン，仮説，研究ダイアグラム，データ，検証方法，政策的インプリケーションという政策リサーチの観点から，当時の研究を振り返ってみたい。

　テーマは，東日本大震災による家屋の液状化被害からの復旧であった。きっかけは，千葉県の調査検討委員会に参加したことであり，先行研究として，中野（2012）や斎藤（2013）などを見たりしながら，調査を進めた。

　前節同様，リサーチ当時，明快にリサーチ・クエスチョンを書き出していたわけではないので，今，あらためて書き出してみる。

・Type A：なぜ基礎自治体により災害対応が異なるのが問題なのか？
・Type B：なぜ浦安市で住宅液状化対応が進んだのか？

　リサーチ・クエスチョン Type B を見ながら，関連する仮説を3つ書き出してみた。

・仮説1：「被害程度が大きい世帯ほど復旧工事が進んでいる」
・仮説2：「経済的条件の良い世帯ほど復旧工事が進んでいる」
・仮説3：「市独自の補助金事業がある自治体ほど復旧工事が進んでいる」

---

[11] 総務省地方財政状況調査関係資料より。http://www.soumu.go.jp/iken/zaisei/H22_chiho.html（最終閲覧：2018年11月）の「5. 全市町村の主要財政指標」。

第10章　政策リサーチの実例

　仮説1は，表10.5より否定されたと見ることができる。仮説2は，注10に示した通り，「協力自治会の意向から，居住者の所得や資産に関する質問を設けることができなかった」ため，直接的に検証することが困難であった。仮説3は，分析された通りで，直接的な影響に加えて，工事業者が行政補助額に合わせて工事費用を低減させるなど間接的な影響を見ることができた。

　その上で，研究ダイアグラムを書き出して見ると，図10.4の様になる。この分析は，浦安市独自の補助金が，どのように影響したのかを探索することが主目的であった訳で，さきほど整えた原因究明的な問いのみを主眼としたものではなかった。

　そこで，Type B'と影響という形で，リサーチを整理すると，次の様になる。

・Type B'：浦安市独自の補助金がどのような影響を与えたのか？
・影響1：「市独自の補助金により，工事実施率が増えた」
・影響2：「市独自の補助金により，業者の調整が働き，工事費用が低減した」
・影響3：「市独自の補助金を受けた世帯では，再液状化対策への支払意思額が増加した」

　影響1は，被害程度が同程度であったが，独自の補助金がなかった船橋市との比較により検証されたが，経済的条件がコントロールできていないという課題が残った。影響2は，現地でのヒアリングから導かれたもので，重回帰分析により検証された。影響3は，環境経済学の仮想市場評価法を用いたもので，世帯主年齢を媒介として部分的に確認された。

　このように，ある政策がどのような影響を与えたのか，という視点で政策リサーチを組み立てることも当然可能であるが，その際に，統制変数を設けて，明快な形で制御できることが望ましく，この分析の課題として指摘することができる。

　政策的には，Type Aのクエスチョンに対応して，被害が市町村規模を上回る場合に，都道府県や国の調整が求められることを示唆する結果と言えよう。また，表10.7に示した工事費用の重回帰分析モデルを用いることで，今後の液状化災害時の修復費用について見通しを得ることができるようになったこと

は，研究成果と考えられる。

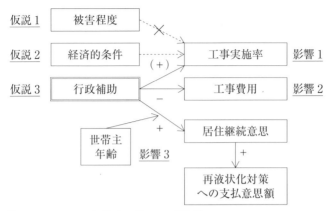

▎**図 10.4** 研究ダイアグラム（結果）

10.2 リサーチの橋渡し

　最後に，4章および9章で触れたデルフト工科大学デザイン工学部で用いられている「Convivial Toolbox」というテキストから，リサーチの段階，およびその先に広がる次の展開に関する興味深い記述を紹介して，本書の締めくくりとしたい。

　図10.5の左側は，リサーチの段階を表している。世の中には，無数の様々な現象や証拠があり，それを調査してデータ化するフェーズがある。次に，集めたデータを分析して情報的な知識を作るフェーズがある。作成した情報的な知識は，それを伝えてコミュニケーションしながら修正されるなどして，より上級の認識的な知識へと昇華されていく。それらは，概念化されたり，時に理論化されたりして，学術的な知恵の集積となっていく。

　リサーチ・クエスチョンを考える時の2タイプ，大きな問い（Type A）は，学術的な理論に相当し，小さな問い（Type B）は，調査や分析レベルに相当するものであった。リサーチ・クエスチョンを作るのが難しいのは，それまでの学術的な知恵の集積を学ばなければ，大きな問い（Type A）を作ることは

できないからであり，それには膨大な勉強が必要となる。大学教員は，自身の専門分野に関しては相応の知識を有しているから，授業を受けて勉強したり，研究計画を作って相談したりすることで，そのリサーチ・クエスチョンが基準（問う意義があるか？未解明か？答えがでそうか？）を満たすものであるのか，そうでないならばどうすると良いのか，ヒントを得られる可能性があろう。

　図10.5の右側はリサーチからデザインへの橋渡しが，未来のアイディアに繋がっていくことを示しているが，橋渡し先はデザインに限る話ではない。先行研究を調べて研究計画をまとめることで，どんなリサーチをしたいのかが具体的になってくる，ということも「橋渡し」であろうし，あるリサーチペーパーを書き上げることで，次の課題が浮かび上がってくることも「橋渡し」である。

　政策科学や様々な政策リサーチも膨大な「橋渡し」の積み重ねから生まれたものである。世の中のあらゆるアイデアの背景には，何らかの「橋渡し」がある。日々の学びや経験などあらゆることが「橋渡し」の要素となるのである。本書で学んだ政策に関する基礎知識や関連知識，政策リサーチの研究計画づくりも，新しい「橋渡し」の要素となり得るものである。

　本書も，筆者の2013年から2018年にかけての研究や教育を通じた「橋渡し」の蓄積を記録したものであるが，書き上げてみれば，まだ物足りない所が気になり，新たに見えてきたことが少なくない。

　本書で扱った宮川（2002）は，主に1950年代から1980年代までの膨大な政策研究をレビューした内容となっているが，2000年代以降の最近の研究事例が扱われておらず，筆者なりにいくつかの補足をしてきたものの，その不十分さを感じてきた。

　仮説検証によるリサーチ技法を紹介している伊藤（2011）は素晴らしいテキストであるが，オーソドックス（正統的）なリサーチにとどまらず，未来の政策を切り拓くようなアプローチをいかに加えていくのか，というような問題意識が生じてきた。

　また，本書前半では，新入生を想定して，大学での学びと社会や政策とのつながりを紹介したが，それを紹介する筆者の知識・経験，力量の不足を感じてきた。

そのような現在からの「橋渡し」を考えている。近い将来，政策科学（Policy Sciences）の研究や教育をリードしてきた米国の公共政策大学院に滞在して在外研究することを計画している。可能な限り開催されているセミナーや講義等に出席したり，ヒアリングの機会を作ったりして，情報収集を行ない，本書の続編を記してみたい。

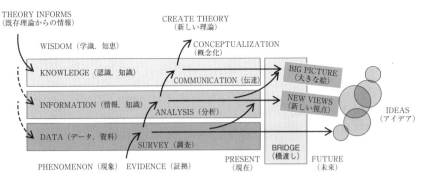

▍図10.5　リサーチの橋渡し[12]

---

[12] E. B.-N. Sanders & P. J. Stappers（2014）204p の Figure#7.5 Bridging from research to design involves a shift from understanding the present situation to constructing possible futures に加筆

謝辞

　本書は，専修大学ネットワーク情報学部で，ネットワーク情報総論1，政策科学という科目を担当することがなければ，作成されなかった。同科目は，前任の斎藤雄志先生（専修大学名誉教授）が立ち上げられたのを引き継いだものであり，その学恩に，まずもって厚く御礼申し上げたい。

　同学部では，「認知症の人の社会共生と課題解決」のための学生による国際交流・共同研究プロジェクトに参加させていただく機会をいただいた。当時学部長であられた江原淳先生（専修大学），共同で担当した栗芝正臣先生（専修大学），プロジェクトを企画推進された須藤シンジ氏（ピープルデザイン研究所），岡田誠氏（富士通研究所），参加してくれた学生や関係者一同に，御礼申し上げたい。同プロジェクトを通じて，国内にとどまらず，国際的な視点を持つことの重要性を学ぶことができ，第2章の作成の背景となった。また，「デザイン思考」について学ぶきっかけとなった。

　本書で何度か登場するワークショップは，同学部で担当した応用演習（社会情報）という演習科目を通じて学んだ。中西紹一氏（プラス・サーキュレーション・ジャパン），安斎勇樹氏（東京大学），望月俊男先生（専修大学）には，多くの示唆をいただいた。

　第4章のエビデンスドベースドポリシーに関しては，永松伸吾先生（関西大学），松浦広明先生（松蔭大学），直井道生先生（慶應義塾大学），田中陽三氏（国土交通省）らとの共同研究から学ぶことが多かった。

　第5章は，東京大学社会科学研究所危機対応学センターのディスカッションペーパーとして作成されたものに少し手を加えたものである。玄田有史先生（東京大学），中村尚史先生（東京大学），宇野重規先生（東京大学），有田伸先生（東京大学）はじめメンバーの方々や調査でお世話になっている方々に御礼申し上げたい。

　同章内の帰宅困難問題については，廣井悠先生（東京大学），大矢根淳先生

(専修大学），吉井博明先生（東京経済大学），商店街振興組合原宿表参道欅会の皆さま，佐伯潤氏らにお世話になった。同じく仮設住宅問題については，牧紀男先生（京都大学），中島俊樹氏（NHK），佐藤隆雄氏をはじめとした災害復興まちづくり支援機構第一研究会の皆さま，原野泰典氏（坂茂建築設計事務所）らにお世話になっている。

第9章の研究計画書は，ゼミ生だった中村勇介氏によるものである。

本書に含まれる研究の一部については，科研費基盤研究（C）「複眼的な政策分析に基づく居住環境リスクに対する住宅保障政策の検討」（2013〜2016年度），科研費基盤研究（C）「想定地震災害後の仮住まい対策ミクロシミュレーションの拡張開発と政策提案の検討」（2017年度〜），専修大学社会科学研究所グループ研究（A）「都心商業集積地の空間情報環境と災害対応に関する社会調査」（2015〜2017年度）などから資金援助を受けた。

共立出版の中川暢子氏には，編集作業にご尽力いただいた。学部OGの甲斐美咲氏には，かわいらしい表紙デザインをしていただいた。

これまでお世話になった多くの方々，学会や大学でお世話になっている先生方，授業や演習を一緒にしている学生のみなさん，そして家族や友人らに深く感謝したい。

参考文献

<1章>

千葉雅也(2017)『勉強の哲学―来たるべきバカのために』文藝春秋.
小泉信三(1950)『読書論』(岩波新書)岩波書店.
福沢諭吉(1978)『学問のすゝめ』改版(岩波文庫)岩波書店.
飯田史彦(2001)『大学で何をどう学ぶか』(PHP文庫)PHP研究所.
福沢諭吉(1978)『福翁自伝』新版(岩波文庫)岩波書店.
サミュエル・スマイルズ(2002)『自助論』改訂新版(竹内均訳)三笠書房.

<2章>

文部科学省(2016)『文部科学白書』日経印刷.
堤未果(2008)『ルポ 貧困大国アメリカ』(岩波新書)岩波書店.
竹中平蔵(2013)『竹中流「世界人」のススメ―日本人が世界に飛び出すための条件』PHP研究所.
ロナルド・ドーア(2014)『幻滅―外国人社会学者が見た戦後日本70年』藤原書店.
八代尚宏(2014)『反グローバリズムの克服―世界の経済政策に学ぶ』新潮社.
中野剛志(2014)『世界を戦争に導くグローバリズム』(集英社新書)集英社.
Office of the Director of National Intelligence (2017) GLOBAL TRENDS: PARADOX OF PROGRESS, https://www.dni.gov/index.php/global-trends-home (最終閲覧:2018年11月).
池上彰(2017)『池上彰の世界はどこに向かうのか』日本経済新聞社.

<3章>

C. B. Frey, M. A. Osborne (2017) The future of employment: How susceptible are jobs to computerization?, *Technological Forecasting and Social Change*, 114, 254-280.
トーマス・H・ダベンポート,ジュリア・カービー(2016)『AI時代の勝者と敗者』(山田美明訳)日経BP社.
小林博人・柳瀬博一(2015)『インターネットが普及したら,ぼくたちが原始人にもどっちゃったわけ』晶文社.
増田直紀(2007)『わたしたちはどうつながっているのか』(中公新書)中央公論新社.
P. S. Dodds, R. Muhamad, D. J. Watts (2003) An Experimental Study of Search

in Global Social Networks, *Science,* **301,** 827-829.

M. S. Granovetter (1973) The Strength of Weak Ties, *American Journal of Sociology,* **78,** 1360-1380.

A. -L. Barabasi, Reka Albert (1999) Emergence of Scaling in Random Networks, *Science,* **286,** 509-512.

＜4章＞

庄司昌彦編（2014）『オープンデータ』国際大学グローバルコミュニケーションセンター．

林 雅之（2014）『オープンデータ超入門』インプレスR＆D（NextPublishing）．

伊藤公一朗（2017）『データ分析の力―因果関係に迫る思考法』光文社新書．

H. Shigeoka (2014) The Effect of Patient Cost Sharing on Utilization, Health, and Risk Protection, *American Economic Review,* **104**（7）, 2152-2184.

直井道生・佐藤慶一・田中陽三・松浦広明・永松伸吾（2017）「南海トラフ巨大地震の被害想定地域における社会移動～DID（差分の差分）法による影響の検証～」ESRI Discussion Paper Series, No.335, 内閣府経済社会総合研究所．

中西紹一（2006）『ワークショップ―偶然をデザインする技術』宣伝会議．

安斎勇樹（2014）『協創の場のデザイン―ワークショップで企業と地域が変わる』藝術学舎．

須藤シンジ（2014）『意識をデザインする仕事―「福祉の常識」を覆すピープルデザインが目指すもの』阪急コミュニケーションズ．

アネミック・ファン・ブイエン他（2015）『デザイン思考の教科書―欧州トップスクールが教えるイノベーションの技術』（石原薫翻訳）日経BP社．

井庭 崇・岡田 誠編著（2015）『旅のことば―認知症とともによりよく生きるためのヒント』丸善出版．

日経BP総研社会インフララボ編（2018）『超福祉 SUPER WELFARE インクルーシブ・デザインの現場』日経BP社．

E. B. -N. Sanders, P. J. Stapppers (2012) Convivial Toolbox - Generative Research for the Front End of Design, BIS Publishers.

＜5章＞

佐藤慶一（2018）「想定首都直下地震の危機対応学」東京大学社会科学研究所危機対応学ディスカッションペーパーシリーズ No. 4.

H. Matsuura, K. Sato (2018) Economic Evaluation of Multi-Hazard Risk Information in Japan, *in* Natural Disasters and Risk Communication: Implications of the Cascadia Subduction Zone Megaquake (eds Fletcher, C. V., J. Lovejoy), pp. 169-196, Lexington Press.

永松伸吾・佐藤慶一・田中陽三・山本圭一（2015）「災害に強い国土利用への中長

期誘導方策の研究」New ESRI Working Paper Series No.34, 内閣府経済社会総合研究所.
中央防災会議首都直下地震対策検討ワーキンググループ（2013）「首都直下地震の被害想定と対策について（最終報告）」http://www.bousai.go.jp/jishin/syuto/taisaku_wg/pdf/syuto_wg_report.pdf（最終閲覧：2018年11月）.
東京都防災会議「首都直下地震等による東京の被害想定報告書」, http://www.bousai.metro.tokyo.jp/taisaku/1000902/1000401.html（最終閲覧：2018年11月）.
東京都（2015）『東京防災』.
片田敏孝（2012）『人が死なない防災』（集英社新書）集英社.
立木茂雄（2016）「排除のない防災の展開が必要だ」消防科学と情報, 123, 21-26.
佐藤慶一・佐藤銀重・半田庄司・川崎俊夫・松本ルキ・岡野真澄・松井誠一・毛塚明（2013）「原宿表参道―防災座談会」, 商店街振興組合原宿表参道欅会40周年記念誌「原宿表参道2013―水と緑が共生するまちづくり」pp. 90-107, 産文社.
佐藤慶一・大矢根淳・吉井博明（2017）「都心商業集積地の防災課題の整理と対応策の具体化」, 日本災害情報学会第19回学会大会予稿集, pp. 90-91.
佐藤慶一（2017）「想定首都直下地震後の応急居住広域化の可能性と政策的検討」, 地域安全学会論文集, No. 31, pp. 155-166.
佐藤慶一・翠川三郎（2007）「首都直下地震後に利用可能な賃貸住宅空家の分布の把握」, 地域安全学会論文集, No. 9, pp. 47-54.

<6章>

宮川公男（2002）『政策科学入門（第2版）』東洋経済新報社.
辻正二（1992）「W. E. B. デュボアと都市研究」, 社会分析, No. 20, pp. 21-44.
T. H. White (1967) The Action Intellectuals - A brotherhood of scholars forms the most powerful community in our society, *Life*, **62** (23), 43-76.
中野剛志（2012）『日本思想史新論―プラグマティズムからナショナリズムへ』（ちくま新書）筑摩書房.
田中角栄（1972）『日本列島改造論』日本工業新聞社.
リチャード・サミュエルズ（2016）『3.11 震災は日本を変えたのか』（プレシ南日子, 廣内かおり, 藤井良江翻訳）英治出版.
H. D. Lasswell (1971) Preview of Policy Sciences, Elsevier Science Ltd.
Y. Dror (1975)『政策科学のデザイン』（宮川公男 訳）丸善.

<7章>

建林正彦（1999）「新しい制度論と日本官僚制研究」, 年報政治学, **50**, 73-91.
宇野重規（2013）『西洋政治思想史』有斐閣アルマ.
M. D. Cohen, J. G. March, J. P. Olsen (1972) A Garbage Can Model of Organizational Choice, *Administrative Science Quarterly*, **17** (1), 1-25.

グレアム・アリソン，フィリップ・ゼコウ（2016）『決定の本質 第2版1・2』（漆嶋稔訳），日経BP社.

阪本拓人・保城広至・山影 進（2012）『ホワイトハウスのキューバ危機—マルチエージェント・シミュレーションで探る核戦争回避の分水嶺』書籍工房早山.

ジョン・キングダン（2017）『アジェンダ・選択肢・公共政策：政策はどのように決まるのか』（笠京子訳）勁草書房.

D. A. Mazmanian, P. A. Sabatier (1983) Implementation and Public Policy, University Press of America.

秋吉貴雄（2017）『入門 公共政策学』中公新書.

西尾 勝（2001）『行政学 新版』有斐閣.

東大社研・中村尚史・玄田有史 編（2014）『＜持ち場＞の希望学』東京大学出版会.

キャロル・ワイス（2014）『入門 評価学：政策・プログラム研究の方法』（佐々木亮監修）日本評論社.

<8章>

J. S. Dryzek (1990) Discursive Democracy: Politics, Policy, and Political Science, Cambridge University Press.

篠原一（2004）『市民の政治学—討議デモクラシーとは何か』岩波書店.

ウルリヒ・ベック（1998）『危険社会—新しい近代への道』（東廉・伊藤美登里翻訳）法政大学出版局.

篠原一 編（2012）『討議デモクラシーの挑戦—ミニ・パブリックスが拓く新しい政治』岩波書店.

オルテガ・イ・ガセット（1995）『大衆の反逆』（神吉敬三訳）筑摩書房.

藤井聡・羽鳥剛史（2014）『大衆社会の処方箋』北樹出版..

G. W. F. ヘーゲル（2018）『精神現象学（上）（下）』（熊野純彦訳）筑摩書房.

ニーチェ（1967）『ツァラトゥストラはこう言った（上）（下）』（氷上英廣訳）岩波書店.

マルティン・ハイデッガー（1994）『存在と時間（上）（下）』（細谷貞雄訳）筑摩書房.

田中正人（2015）『哲学用語図鑑』プレジデント社.

東 浩紀（2011）『一般意志2.0 ルソー，フロイト，グーグル』講談社.

東 浩紀（2017）『ゲンロン0 観光客の哲学』ゲンロン.

ティム・ブラウン（2010）『デザイン思考が世界を変える—イノベーションを導く新しい考え方』（千葉敏生訳）早川書房.

佐藤慶一（2008）『政策分析技法の展開—災害応急住宅に関する経営工学的検討』慶應義塾大学出版会.

<9章>

伊藤修一郎（2011）『政策リサーチ入門―仮説検証による問題解決の技法』東京大学出版会.

ロバート・パットナム（2001）『哲学する民主主義―伝統と改革の市民的構造』（河田潤一訳）NTT出版.

ロバート・パットナム（2006）『孤独なボウリング―米国コミュニティの崩壊と再生』（柴内康文訳）柏書房.

W. A. Galston (1988) Liberal Virtues, *American Political Science Review*, 82 (4), 1277-1290.

中室牧子・津川友介（2017）『「原因と結果」の経済学』ダイアモンド社.

<10章>

佐藤慶一（2015）「東日本大震災による液状化被害への家計対応と行政支援―千葉県浦安市および習志野市の激甚被災地域を対象とした比較分析」計画行政, **127** (3), 39-48.

中野恒明（2012）「東京湾岸液状化被災地、浦安の現状報告」建築雑誌, **127** (1627), 2-3.

安田進・原田健二・石川敬祐（2012）「東北太平洋沖地震による千葉県の被害」地震工学ジャーナル, 7 (1), 103-115.

齋藤広子・中城康彦（2013）「液状化による被害を受けた住宅の居住者への影響と復旧の課題―東北地方太平洋沖地震による浦安市埋立て地区の事例」都市計画論文集, 48 (3), 717-722.

栗山浩一・柘植隆宏・庄子康（2013）『初心者のための環境評価入門』勁草書房.

飯尾潤（2014）「復興政策への期待と政府の能力」『「災後」の文明』阪急コミュニケーションズ, pp. 21-41.

索　引

【人名】
大隈重信, 99
グレアム・アリソン, 121
小泉信三, 4
ハロルド・ラスウェル, 102
福沢諭吉, 4, 99
ロバート・パットナム, 158, 172

【英字】
AI（Artificial Intelligence）, 33
Amazon, 21, 38, 170

BCP, 72

CiNii, 169
Co-Creation, 36
Code for America, 46
CVM, 209

Date.gov, 46
DID（Differences in Differences）, 51

GAO（General Accounting Office）, 130
GDP, 19
Global Trends, 27
Google, 21
Google Scholar, 169

in の知識, 102, 158

J-STAGE, 169

of の知識, 102, 158

RDD（Regression Discontinuity Design）, 51
Regional Economy and Society Analyzing System, 47
RESAS, 47

Share An Idea, 154
SNS, 21
SSJデータアーカイブ, 47
STEM教育, 35

University of Chicago Urban Labs, 50

Webinar, 153
WVS（World Value Survey）, 17

【あ】
アクティブ・ラーニング, 14, 52
アップル, 21, 38
アローダイアグラム, 175

異時点間資源配分, 114
一般意志, 146
イデオロギー, 116
因果関係, 157
インセンティブ, 110
インパクト評価, 132

ウェビナー, 153
運命愛, 143

229

索　引

液状化, 196
エビデンスベースドポリシー, 48

オープンデータ, 45

【か】
会計検査院, 130
外国人労働者, 29
回想法, 62
外部効果, 108
外部性, 113
学問のすゝめ, 4
仮説, 173
仮説検証, 157
仮設住宅, 83
仮想市場評価法, 209
家族, 148
価値観, 116
観光, 148

帰宅困難者, 74
帰宅困難者支援（受入）施設, 80
偽の相関, 183
帰無仮説, 183
急進主義, 120
キューバ危機, 121

熊本地震, 85
愚民, 8
クラウドファンディング, 36
クロス集計, 179

啓蒙主義, 94
ケネディ・スクール, 97
研究計画書, 164
検証, 175

公共システム, 112

公共心, 135
公共投資, 110
傲慢性, 141
合理性モデル, 119
古学, 98
国際比較, 17
国内総生産, 19
個人財, 110
古典, 4
誤配, 148
ゴミ箱モデル, 121
雇用, 33
コンセンサス会議, 138
コンテクスト志向性, 103

【さ】
再帰性, 137
裁量, 129
差分の差分分析, 51
参加型政策分析, 136
参加型予算, 139
産業革命, 94

自己閉塞性, 141
市場システム, 112
市場の失敗, 113
市場の不完全性, 113
実学, 8
実験, 184
実現戦略, 106
市民議会, 139
市民共同体, 160
市民陪審, 138
社会調査, 158
重回帰分析, 181
従属変数, 175
集団財, 110
自由貿易, 25

受益, 109
熟議, 146
熟練労働者, 26
朱子学, 98
手段主義, 135
首都直下地震, 73
準個人財, 110
障害の社会モデル, 75
小政府, 118
消費者余剰, 25
所得格差, 21
所得倍増計画, 100
事例研究, 176
シンクタンク, 101
人工知能, 33
新自由主義, 21, 24, 26
進歩主義, 96

スケールフリー, 40
スタグフレーション, 24
ステークホルダー, 117
スモールワールド, 40

正規分布, 41
政策, 10
政策管理, 129
政策系大学院, 164
政策志向, 95
政策実施, 128
政策デリバリー, 129
政策の窓, 126
政策評価, 130
政策分析, 106
政策リサーチ, 157
生産者余剰, 25
政治的構造, 115
政治文化, 115
制度論モデル, 119

政府の失敗, 114
セオリー評価, 131
世界価値観調査, 17
説明変数, 175
全国総合開発計画, 100
漸進主義, 120
専門職大学院, 164

相関分析, 161, 178
増分主義モデル, 120
総務省行政評価局, 130
ソーシャル・キャピタル, 163

【た】
大衆社会論, 140
大衆人, 142
タウンミーティング, 138
多世代交流, 62

地方分権, 159
中間層, 21

ディスインセンティブ, 111
定性的手法, 132
デザイン思考, 57, 149
デルフト工科大学デザイン工学部, 58
テロ, 26

討議デモクラシー, 137
東京防災, 72
統計的検定, 181
同調圧力, 2
討論型世論調査, 138
独占, 113
独立変数, 175

【な】
内部性, 114

索　引

ナショナリズム, 28

新潟県中越地震, 85
日本列島改造論, 100
ニューディール政策, 96
人間疎外, 143
認知症, 57

ネットワーク, 39

【は】
パーソナルデータ, 45
パーソンセンタードケア, 62
徘徊, 60
排除のない防災, 75
ハイプ・サイクル, 31
ハザードマップ, 68
ハブ, 43
阪神・淡路大震災, 85

ピープルデザイン, 57, 76
被害想定, 71
比較, 177
東日本大震災, 85
被災者生活再建支援制度, 197
避難行動要支援者, 75
貧困, 21

プラーヌンクス・ツェレ, 138
プラグマティズム, 97
フランス革命, 94
不連続回帰デザイン, 51
プロセス評価, 131
プロトタイピング, 150
プロトタイプ, 36

べき乗分布, 41

防災計画, 72
方法多様志向性, 105
保守主義, 120
補助金, 198
ポリシーミックス, 111
本来的時間性, 144

【ま】
マーケティング, 38
マイクロソフト, 21
マクドナルド化, 144
マスメディア, 38

未熟練労働者, 26

無意識, 146

メガポリシー, 106
メタポリシー, 106

目的変数, 175
問題志向性, 103

【や】
優先的選択, 42

ヨーロッパ市民コサンルテーション, 139
弱い紐帯の強み, 41

【ら】
ランダム化比較実験, 49, 184

利己心公理, 135
リサーチ・クエスチョン, 170
リスクインデックス, 70
留学, 30

ロングテール, 41

【わ】
ワークショップ, 52, 77, 151

〈著者紹介〉

佐藤　慶一（さとう　けいいち）
略歴　1978年生まれ．慶應義塾大学環境情報学部卒業．慶應義塾大学大学院政策・メディア研究科後期博士課程修了，博士（政策・メディア）．東京工業大学都市地震工学研究センター研究員，東京大学社会科学研究所附属社会調査・データアーカイブ研究センター助教，准教授（任期付）を経て現職．
現在　専修大学ネットワーク情報学部教授．
著書　『政策分析技法の展開』，慶應義塾大学出版会（2008）
　　　『改訂版　都市防災学』（分担），学芸出版社（2012）
　　　『＜持ち場＞の希望学』（分担），東京大学出版会（2014）など

政策情報論 An Introduction to Policy Sciences with Information Studies 2019年4月1日　初版1刷発行 2021年2月15日　初版3刷発行	著　者　佐藤慶一　Ⓒ 2019 発行者　南條光章 発行所　共立出版株式会社 〒112-0006 東京都文京区小日向4-6-19 電話番号　03-3947-2511（代表） 振替口座　00110-2-57035 www.kyoritsu-pub.co.jp 印　刷　大日本法令印刷 製　本　ブロケード 　一般社団法人 　　　　自然科学書協会 　　　　会員
検印廃止 NDC 007.3, 301 ISBN 978-4-320-09647-9	Printed in Japan

JCOPY　＜出版者著作権管理機構委託出版物＞
本書の無断複製は著作権法上での例外を除き禁じられています．複製される場合は，そのつど事前に，出版者著作権管理機構（ＴＥＬ：03-5244-5088，ＦＡＸ：03-5244-5089，e-mail：info@jcopy.or.jp）の許諾を得てください．